Die Deutschen und die Polen

Geschichte einer Nachbarschaft

Historische Ansicht des Danziger Hafens. Das an der Weichselmündung gelegene Danzig war jahrhundertelang einer der wichtigsten Orte deutsch-polnischer Begegnung

Die Deutschen und die Polen

Geschichte einer Nachbarschaft

Herausgegeben von
Dieter Bingen
Hans-Jürgen Bömelburg
Andrzej Klamt und
Peter Oliver Loew

Eine Begleitpublikation zu den ZDF/3Sat-Sendungen
„Die Deutschen und die Polen" im Herbst 2016

Mit Unterstützung der Sanddorf-Stiftung Regensburg

Die Deutsche Nationalbibliothek verzeichnet diese Publikation
in der Deutschen Nationalbibliografie; detaillierte bibliografische
Daten sind im Internet über www.dnb.de abrufbar.

Der Theiss Verlag ist ein Imprint der WBG

Die Herausgabe des Werkes wurde durch die Vereinsmitglieder
der WBG ermöglicht.
Umschlaggestaltung: Jutta Schneider, Frankfurt am Main
Umschlagabbildungen: Kniefall Willy Brandts am 7.12.1970 vor dem
Mahnmal im einstigen jüdischen Ghetto in Warschau; offener
Grenzübergang bei Swinemünde heute. Fotos: © picture-alliance
Redaktion: Christina Kruschwitz, Berlin
Layout, Satz und Prepress: schreiberVIS, Bickenbach
Gedruckt auf säurefreiem und alterungsbeständigem Papier
Printed in Germany

Besuchen Sie uns im Internet: www.wbg-wissenverbindet.de

ISBN 978-3-8062-3295-0

Elektronisch sind folgende Ausgaben erhältlich:
eBook (PDF): 978-3-8062-3294-3
eBook (epub): 978-3-8062-3296-7

Inhalt

Merkwürdige Nachbarn: Ein Vorwort

Deutsche und Polen sind merkwürdige Nachbarn: Ihre gemeinsame Geschichte haben Historiker schon sowohl als ein „tausendjähriges Ringen" wie auch als ein kreatives Neben- und Miteinander nacherzählt. Und beides war gut begründet.

Die deutsch-polnische Grenze – das Wort „Grenze" ist übrigens eine der wenigen Entlehnungen aus dem Polnischen im Deutschen – war im 20. Jahrhundert wohl die schwierigste in Europa. Sie entstand mit der Wiedergeburt des polnischen Staates infolge der deutschen Niederlage im Ersten Weltkrieg und den anschließenden deutsch-polnischen Grenzkämpfen. Mit ihrer gewaltsamen Beseitigung am 1. September 1939 begann in Europa der Zweite Weltkrieg. Und nach der neuerlichen deutschen Niederlage wurde die neue Oder-Neiße-Grenze im Schatten des Eisernen Vorhanges zwischen Ost und West zur wunden Stelle Europas. Ihre Brisanz lässt sich daran erkennen, dass sie gleich dreimal anerkannt werden musste: 1950 unter Stalins Druck durch die DDR; dann 1970 von der Bonner Republik im Paket der „neuen Ostpolitik", die die Berliner Mauer durchlässiger machen sollte; und schließlich 1990 durch das infolge der ostmitteleuropäischen Revolution des Jahres 1989 vereinte und nun souveräne Deutschland.

Ein Vierteljahrhundert später ist diese einstige „Wunde Europas" für Reisende kaum mehr spürbar, was noch lange nicht heißt, dass die alt-neuen Nachbarn auf beiden Ufern der Grenzflüsse bereits ein gedeihliches Biotop miteinander geschaffen haben. Sie leben zum Glück zwar nicht mehr gegen-, aber immer noch eher neben- als miteinander.

Und dennoch gibt es in der tausendjährigen deutsch-polnischen Geschichte lange Linien einer tiefgreifenden deutsch-polnischen Osmose. Immerhin war die deutsch-polnische Grenze jahrhundertelang eine der ruhigsten Europas. Vom 14. bis zum 18. Jahrhundert gab es nämlich zwischen dem Heiligen Römischen Reich und der polnischen Krone keine Grenzstreitigkeiten. Das Wahlvolk hütete sich, permanent einen Habsburger zum polnischen König zu wählen, obwohl diese sich immer wieder darum bewarben. Aber das Reich wurde nie als Gefahr für die Rzeczpospolita angesehen.

Es ist bezeichnend, dass die beiden jahrhundertealten föderativen Gebilde fast zeitgleich von der politischen Karte Europas ausgelöscht wurden: Polen-Litauen 1795 infolge von drei Teilungen durch Preußen, Russland und Österreich, während das Deutsche Reich fast nebenbei nach der Schlacht bei Jena von Napoleon aufgelöst wurde. So wurde im 19. Jahrhundert aus einem langen deutsch-polnischen Neben- und Miteinander die Konkurrenz zweier ungelöster europäischer „Fragen“: die der deutschen Einheit angesichts der Auflösung des Reiches und des Aufstiegs Preußens, und die der Freiheit für das fremdbestimmte Polen.

Die deutsche und die polnische Frage waren eng miteinander verknüpft, da der Aufstieg Preußens mit dem Niedergang Polens zusammenhing und dies insbesondere in der zweiten Hälfte des 19. Jahrhunderts in einen krassen Interessengegensatz mündete. Trotz deutscher Unterstützung für die Polen in den 1830er Jahren war der Nationalismus in Deutschland bald stärker als die Bereitschaft zum Ausgleich mit dem Nachbarn im Osten. Die Polen wurden gefeiert, solange sie sich gegen die russischen Besatzer auflehnten, doch als es galt zu überlegen, ob Preußisch-Polen wieder herausgerückt werden sollte, war den deutschen Liberalen das nationale Hemd plötzlich näher als der polnische, und überhaupt der europäische Rock. Die Vereinigung Deutschlands 1871 unter preußischen Fittichen erfolgte nicht nur im Zuge der „Vereinigungskriege“, sondern wurde auch durch die Allianz Preußens mit Russland während des nächsten polnischen Aufstandes 1863 gestützt. Die „polnische Frage“ schien in Europa in einem existentiellen Konflikt mit der „deutschen Frage“ zu liegen. Der Aufstieg der einen Nation war mit der Unterdrückung der anderen verbunden – in beide Richtungen. Die tatsächliche Gründung eines souveränen polnischen Staates war somit auch erst nach der Niederlage der Mittelmächte im November 1918 und infolge der russischen Revolution möglich. Diesmal waren die Polen auf der Siegerseite der Geschichte.

Die Zwischenkriegszeit bestätigte diese fatalen deutsch-polnischen Pendelschläge. Im nationalistischen Zeitalter war ein Ausgleich zwischen ungleichen Nachbarn unmöglich. In Deutschland galt Polen weitgehend als „Saisonstaat“, in Polen Deutschland als der gefährliche „Erbfeind“. Der Hitler-Stalin-Pakt und deren gemeinsamer Überfall auf Polen 1939 schien beides zu bestätigen. Aber auch die militärische und moralische Niederlage

Zwei Grenzstädte an der Oder: das polnische Słubice (unten) und Frankfurt (oben).

des Dritten Reiches 1945 und die anschließende „Westverschiebung" Polens auf Kosten Deutschlands war ein Beleg für den fatalen deutsch-polnischen Gegensatz: Entweder die einen oder die anderen …

Dieser existentielle deutsch-polnische „Interessengegensatz" der ersten Hälfte des 20. Jahrhunderts wurde im Kalten Krieg in Volkspolen gar zum offiziellen geschichtsphilosophischen Glaubenssatz erhoben. Die Spaltung Deutschlands und des Kontinents liege im polnischen Interesse, weil sie das deutsche Potential vermindere, und die „ewige" Anlehnung an die mächtige UdSSR sichere die vom westdeutschen Revisionismus bedrohte Oder-Neiße-Grenze. In der Bundesrepublik dagegen hat wohl erst der Mauerbau 1961 in Berlin der politischen Klasse den Kausalnexus der „deutschen" und der „polnischen" Frage nach und nach zum Bewusstsein gebracht: Eine Linderung der Folgen der deutschen Teilung – von ihrer Überwindung ganz zu schweigen – setzt die Anerkennung der polnischen Westgrenze voraus. Das war auch die Krux der neuen Ostpolitik, die nicht von ungefähr im Umfeld der Westberliner SPD und des Regierenden Oberbürgermeisters Willy Brandt entwickelt wurde.

Die Ostverträge 1970 wurden zwar gemäß der „imperialen" Hackordnung zuerst in Moskau ausgehandelt und unterschrieben, doch ihr strategisches Ziel war die größere Durchlässigkeit der deutsch-deutschen Grenze und ihr Herzstück ein Paradigmenwechsel in der deutschen Einstellung gegenüber dem polnischen Nachbarn. Die Oder-Neiße-Grenze war nur eine Chiffre dafür. Wenn Egon Bahrs Tutzinger Rede aus dem Jahre 1963 vom „Wandel durch Annäherung" als Geburtsstunde der „neuen deutschen Ostpolitik" angesehen wird, so muss man die bewegende Sequenz diverser Bemühungen um den deutsch-polnische Dialog, um die „Normalisierung", wie es offiziell hieß, oder um die Versöhnung, von der Kirchenleute sprachen, als einen bahnbrechenden europäischen Prozess würdigen.

Das Vierteljahrhundert von 1965 bis 1990 bedeutete in der deutsch-polnischen Nachbarschaft eine Revolution. Den Paradigmenwechsel in der gegenseitigen Wahrnehmung bewirkten nicht nur Politiker, Kirchen- oder Medienleute, sondern Musiker wie Krzysztof Penderecki, Filmemacher wie Andrzej Wajda, Theaterleute wie Erwin Axer, Schriftsteller wie Jerzy Andrzejewski oder Sławomir Mrożek, Maler und Grafiker wie Henryk Tomaszewski und wunderbare Übersetzer der deutschen Literatur ins Polnische, wie etwa Witold Wirpsza oder Egon Naganowski, oder der polnischen ins Deutsche wie der jüngst verstorbene Karl Dedecius oder Klaus Staemmler. Nicht zu vergessen die Historiker, die 1974 die heftig umstrittene Schulbuchkonferenz ins Leben riefen, die nationalistische Klitterungen korrigierte.

In den 60er Jahren, als es keine diplomatischen Beziehungen zwischen Volkspolen und Westdeutschland gab, waren sie die faktischen Botschafter des Nachbarlandes. Der polnische Film, die polnische Musik, die polnische Poesie, das polnische Plakat öffneten den Westdeutschen die Tür zum Haus des Nachbarn, genauso wie das deutschsprachige Theater mit Brecht, Frisch oder Dürrenmatt, die westdeutsche Literatur mit Grass und Böll oder Philosophen wie Jaspers den Polen ein mit sich selbst haderndes Westdeutschland zeigten, das intellektuell unvergleichlich attraktiver war als die seit dem Mauerbau in 1961 in sich versunkene DDR.

Die Streikwelle im August 1980 in Polen und der Ausbruch der „Solidarność" wurden in Deutschland mit gemischten Gefühlen wahrgenommen. In die Bewunderung für den polnischen Widerstand von unten mischte sich bald die Befürchtung, eine sowjetische Intervention werde eine neuerliche

Verschärfung des Kalten Krieges zur Folge haben und somit die Pfründe der Entspannungspolitik im innerdeutschen Verkehr gefährden. Die Einführung des Kriegszustandes in Polen im Dezember 1981 wurde demnach zwar mit Entsetzen aufgenommen, aber auch mit einer gewissen Erleichterung darüber, dass dies trotz der erneuten Ost-West-Spannung wegen des sowjetischen Einmarsches in Afghanistan nicht zu einer Verschärfung in den deutsch-deutschen Beziehungen führen würde. Wieder einmal wurde aber offenkundig, dass in Europa die „polnische Frage", die staatliche Souveränität, mit der „deutschen Frage", der nationalen Zusammengehörigkeit, zusammenhing.

Die im Februar 1990 von Minister Krzysztof Skubiszewski apostrophierte „deutsch-polnische Interessengemeinschaft" während der ostmitteleuropäischen Revolution des Jahres 1989 hatte also eine lange Vorgeschichte gegenseitiger Wahrnehmung und Annäherung. Politisch gesehen beruhte sie aber darauf, dass zum ersten Mal seit über zweihundert Jahren deutsche und polnische nationale Interessen sich nicht in einem existentiellen Konflikt befanden, sondern einander ergänzten. Der erneute Aufbruch der „Solidarność" im Sommer 1988 führte zum Runden Tisch, an dem die Modalitäten der stufenweisen Machtübergabe an die Opposition ausgehandelt wurden. Die „Interessengemeinschaft" der bis dato wohl schwierigsten Nachbarn in Europa beruhte wiederum darauf, dass nun die Polen die deutsche Wiedervereinigung befürworteten, während die Deutschen wiederum die polnischen Bemühungen um den Beitritt zu den euroatlantischen Strukturen unterstützten.

Die endgültige Anerkennung der Oder-Neiße-Grenze im November 1990 durch das vereinigte Deutschland sowie der Freundschaftsvertrag von 1991 markierten eine völlig neue Phase in den deutsch-polnischen Beziehungen. Trotz der immer wieder in der Öffentlichkeit aufbrausenden Konflikte, wie etwa um das Berliner Zentrum gegen Vertreibungen oder die Entschädigungen für ehemalige KZ-Häftlinge: Die historische deutsch-polnische Interessengemeinschaft nach dem Zerfall des Sowjetblocks trug in den 90er Jahren. 1999 trat Polen der NATO und 2004 der EU bei.

Ein Vierteljahrhundert nach der ostmitteleuropäischen Revolution des Jahres 1989 ist die deutsch-polnische Nachbarschaft wohl stabil genug, um auch gravierende Spannungen in und um die EU auszuhalten. Von der

„Griechenlandkrise“ ist sie kaum berührt, da Polen nicht Mitglied der Eurozone ist. Ostpolitisch trennt zwar Berlin und Warschau die Bewertung der deutsch-russischen Ostseepipeline, aber bei der ukrainischen „Revolution in Orange“ 2004 und dem „Euromaidan“ 2013 zogen beide Regierungen an einem Strang. Auch bei den Bemühungen um den Verbleib Großbritanniens in der EU stehen Berlin und Warschau auf derselben Seite.

Eine tiefgreifende Ungleichzeitigkeit zeigt sich allerdings, wenn es um die dramatische Herausforderung der Flüchtlingspolitik geht. Selbst der jüngste Aufstieg der Populisten in Deutschland darf niemanden darüber täuschen, dass dieses Land und diese Gesellschaft in den letzten Jahrzehnten eine enorme Öffnung gegenüber Einwanderern durchgemacht hat. Unabhängig davon, inwiefern der Islam nun „ein Teil Deutschlands“ geworden ist, sind über vier Millionen Muslime auf jeden Fall ein Teil der deutschen Gesellschaft geworden, und ihre Präsenz bestimmt auch den deutschen Alltag mit. Die Polen dagegen sind immer noch Erben der ethnischen Verstörungen des Zweiten Weltkrieges, der auch in einer weitgehenden ethnisch-kulturellen Homogenität resultierte. Mehr noch, diese Homogenität wurde in der Propaganda genutzt, um über Gebiets-, Heimat- und Souveränitätsverlust hinwegzutrösten: Dafür war man jetzt „unter sich“. Es war schon eine Leistung der demokratischen Republik Polen nach 1989, die Shoah angemessen zu betrauern und Mitgefühl für das Leid der vertriebenen Deutschen zu entwickeln. Trotzdem nimmt sich das heutige Polen immer noch als ein Emigrationsland wahr, aus dem seit 1989 etwa zwei Millionen Menschen zumindest zeitweise ausgewandert sind. Die Vorstellung, ein Einwanderungsziel zu werden, ist höchstens im Hinblick auf die Ukraine vorstellbar, während die Flüchtlinge aus dem mittleren Osten als unbekannte Bedrohung wahrgenommen werden.

Beide Nachbarn müssen sich wohl wieder einmal gegenseitig neu wahrnehmen und akzeptieren. Die Polen werden sich daran gewöhnen müssen, dass auch sie nicht mehr nur Opfer der Geschichte, sondern Teil der „heilen europäischen Welt“ sind, die Deutschen wiederum täten gut daran, die historische Zeitverschiebung zwischen den Nachbarn zu berücksichtigen.

Adam Krzemiński
Frühjahr 2016

1000 Jahre deutsch-polnische Geschichte

Die Beziehungen bis 1800. Skizzen einer politischen Verflechtung

Hans-Jürgen Bömelburg

Wann beginnt eine deutsch-polnische Verflechtungsgeschichte? Moderne Historiker datieren den Beginn einer deutschen und polnischen Geschichte auf das 10. Jahrhundert, als mit den Königen aus der sächsischen Ottonen- und der polnischen Piastendynastie beide Staats- und Nationsbildungen parallel beginnen. Unterstrichen werden muss, dass es sich von Anfang an um eine aufeinander bezogene Geschichte handelt: Über den ersten Piasten-König Mieszko (Ersterwähnung 963 bei Widukind von Corvey) wissen wir aus einer deutschen Quelle. Der Piastenherrscher wird später als „Freund" und „Getreuer" des Kaisers benannt und bei seinem Tode 992 unter dem Titel „Markgraf" (lat. *marchio*) in die Fuldaer Annalen eingetragen. Nachrichten über das Polen des 10. und 11. Jahrhunderts sind fast ausschließlich von lateinisch schreibenden deutschen Chronisten überliefert, sodass uns die Geschichte Polens ein Stück weit „durch die deutsche Brille" entgegentritt.

Die Beziehungen zwischen Heiligem Römischem Reich (Otto I. erwarb 962 die Kaiserkrone) und Polen waren nicht völlig symmetrisch: Als römisches imperiales Erbe beanspruchte das mittelalterliche Reich eine zumindest symbolische Oberherrschaft über die Nachbarstaaten, darunter auch über die polnische Neugründung. Das Christentum war seit 967 aus Böhmen und dem Reich eingeführt worden; mit ihm kamen ein höherer Klerus, aber auch Muster des Kirchenbaus nach Polen. Mit dem hl. Adalbert/Wojciech aus der Familie der böhmischen Slavnikiden, der 997 bei einem Versuch starb, die Prußen in der Nähe der Ostsee zu missionieren, hatten Deutsche, Polen und Tschechen einen verbindenden Märtyrer.

Jedoch war das polnische Erzbistum Gnesen von Anfang an unabhängig, und im Jahre 1000 kam Kaiser Otto III. als Pilger nach Gnesen an das Grab des hl. Adalbert und zeichnete den Piastenherrscher Bolesław den Tapferen (Chrobry) als „Bruder und Mitarbeiter des Reiches" (lat. *cooperator imperii*) aus. Dessen Sohn Mieszko II. sollte Ottos Nichte Richeza heiraten – die Kooperation beider Herrscherfamilien und Reichsverbände findet hier ihren sinnfälligen Ausdruck.

Um das Jahr 1000 – nur kurz nach der Geburtsstunde von Deutschland und Polen – verband beide Staaten also ein dichtes Beziehungsnetz. Diese große Nähe führte auch zu Konflikten: Zwischen Bolesław und dem neuen Kaiser Heinrich II. kam es nach 1002 zu militärischen Auseinandersetzungen um die Zugehörigkeit der Lausitzen und Böhmens. Insgesamt ist das Verhältnis zwischen Reich und Polen gerade unter den sächsisch-ottonischen Herrschern sehr eng, zahlreiche polnische Herrscher heirateten deutsche Fürstentöchter, was auch zu einer Zweisprachigkeit vieler piastischer Höfe führte. Ein Beispiel unter vielen: Władysław I. Herman heiratete Judith, eine Schwester Kaiser Heinrichs IV. Mit ihr kam der Geistliche Otto von Bamberg nach Polen, der von polnischer *und* von deutscher Seite mit der Missionierung Pommerns (seit 1124) beauftragt wurde. Die Christianisierung Pommerns und Preußens ist ein Gemeinschaftswerk deutscher und polnischer Geistlicher.

Als Symbol für die Verbindung von Polen und Deutschen kann insbesondere die Ehe zwischen dem schlesischen Piasten Heinrich dem Bärtigen und Hedwig (Jadwiga, um 1174 – 1243) von Andechs gesehen werden: Hedwig veranlasste die Gründung des Zisterzienserinnenstifts Trebnitz und trug erheblich zum Landesausbau bei; ihr Sohn Heinrich fiel 1241 bei Liegnitz in der Schlacht gegen ein nach Mitteleuropa einfallendes Mongolenheer. Hedwig wurde nach ihrem Tod heiliggesprochen, um ihre Person entstanden zahlreiche Heiligenlegenden und Wallfahrtsorte, die sie seit dem 15. Jahrhundert zur schlesischen Landesheiligen machten. In der jüngeren Zeit wurde Hedwig teilweise als gemeinsame Patronin der Deutschen und Polen wahrgenommen, seit dem Brief der polnischen Bischöfe 1965 wird sie als modellhafte Vertreterin „eines christlichen Brückenbaus zwischen Polen und Deutschland“[1] angesehen.

Der Landesausbau, die Besiedlung und die Stadtgründungen waren in Schlesien, Pommern, Groß- und Kleinpolen häufig ein gemeinsames Werk von Deutschen und Polen. Aus deutschen Territorien wurden Stadt- und Dorfrechte als die zeitgenössisch modernsten übernommen, was aber nicht verdecken sollte, dass die Bevölkerung oft slawische Sprachen (Sorbisch, Pomoranisch, Polnisch) sprach. Da die slawischen Sprachen im Mittelal-

1 Die Texte des Briefs der polnischen Bischöfe vom 18. November 1965 und der Antwort der deutschen Bischöfe vom 5. Dezember 1965 unter *http://enominepatris.com/deutschtum/geschichte/hirtenbrief.htm*

ter nicht als Schriftsprachen schriftlich niedergelegt waren, förderte das langfristig bei einer Anwesenheit größerer Gruppen von deutschsprachiger Bevölkerung einen Übergang zur deutschen Schriftsprache, so in den pommerschen und schlesischen Städten.

Allerdings wehrten sich gerade dort, wo Polen die deutliche Bevölkerungsmehrheit darstellten, diese gegen eine Dominanz der Deutschen und der deutschen Sprache. 1285 forderte die Synode von Łęczyca das Recht der Polen ein, in ihrer Muttersprache unterwiesen zu werden. Deutschsprachige Stadtbürger sympathisierten mit schlesischen oder böhmischen Herrschern, die als bürgerfreundlicher galten. 1312 schlug Herzog Władysław IV. den Widerstand des Krakauer Stadtvogtes Albert nieder und verfügte den Übergang zum Lateinischen als Verwaltungssprache. Vereinzelte Sprachkonflikte tauchten zwischen 1250 und 1350 auf, bis sich die Verwaltungssprache in den neuen Städten gewohnheitsrechtlich festigte.

Der Deutsche Orden und Polen-Litauen

Ohne die intensiven Beziehungen zwischen Deutschland und Polen wäre die Niederlassung des Deutschen Ordens in Preußen unmöglich gewesen. Der 1190 in Akkon in Palästina aus den Reihen von Kreuzfahrern gegründete Hospital- und Ritterorden, der sich der auch gewaltsamen „Heidenmission" widmete, suchte in den 1220er Jahren, als im Heiligen Land eine fragile Koexistenz eingekehrt war, neue Betätigungsfelder. Über die Kontakte zwischen Kaiser Friedrich II. und dem piastischen Herzog Konrad von Masowien erhielt der Deutsche Orden das immer wieder von Kämpfen mit den nichtchristlichen Prußen verwüstete Kulmer Land. Er ließ es sich sicherheitshalber auch noch einmal von Kaiser Friedrich II. verleihen, der als Gebieter über das traditionell weltumspannende römische Imperium sich dazu berechtigt fühlte, überall in der damals bekannten Welt Territorien zu vergeben.

Mit Unterstützung von Rittern aus dem Reich eroberte der Orden in jahrzehntelangen Kämpfen das Prußenland (siehe auch den Exkurs „Preußen – Polen und Deutsche erinnern sich", S. 41). Die baltischen Prußen, die eine dem Litauischen verwandte Sprache hatten, wurden freiwillig oder gewaltsam bekehrt.

Der Marienaltar (1477/1489) in der Krakauer Marienkirche gilt als eines der größten Kunstwerke der Gotik. Sein Schöpfer, der aus Nürnberg stammende Veit Stoß (ca. 1447 – 1533), lebte viele Jahre in der polnischen Königsstadt und wurde hier Wit Stwosz genannt.

Die Beziehungen zu den polnischen Fürsten waren zunächst gut, verschlechterten sich aber entscheidend um 1300 in dem Konflikt um Pommerellen und Danzig, das sich der Orden 1308 militärisch aneignete. Dabei kam es zu zahlreichen Gewalttaten, die Forschung spricht heute von ca. 100 Toten und Ermordeten, die in Quellen überlieferte symbolische Zahl von „zehntausend Opfern“ dramatisierte den Konflikt in der Erinnerung. Damit war der gesamte Weichselhandel in den Händen der Ordensritter, die 1309 den Sitz des Hochmeisters bzw. der Ordensleitung von Venedig auf die Marienburg verlegten. Im 14. Jahrhundert wuchs der Wohlstand der Ordensritter, die den Handel mit Getreide und anderen Agrarprodukten über die Ostsee mit hohen Zöllen belegten.

Für diesen Reichtum und die Abschöpfung der Gewinne zahlte der Orden einen hohen Preis: Die Einwohner der großen Städte wie Danzig oder Thorn fühlten sich um ihren Gewinn geprellt und sahen im landesfremden Orden – viele Ritter kamen aus Hessen oder Franken – zunehmend einen Bedrücker. Das polnische Königtum, das sich unter den letzten Piastenherrschern Władysław I. und Kasimir III. stabilisierte und in die heutige Westukraine expandierte, verfügte nicht über die politischen und militärischen Machtmittel, um das Herrschaftsgebiet des Ordens zu erobern. Man strengte stattdessen zahlreiche Prozesse beim Papst in Rom an, in denen die polnischen Argumente zusammengetragen wurden und die die Rivalität über mehrere Generationen schürten. Diese Position setzte sich in der polnischen Erinnerung fest.

Warum entwickelte sich zwischen Deutschem Orden und Polen dieser über zwei Jahrhunderte ausgetragene Konflikt? Die Ordensritter waren von ihrer eigenen Überlegenheit überzeugt, sie sahen sich als Ritter Christi, eine internationale Elite, die auf deutsche Stadtbürger, den polnischen Kleinadel oder Bauern herabschaute. Allerdings wurde der Daseinszweck des Ordens, die Heidenmission, im Spätmittelalter fragwürdiger, man fragte sich immer häufiger, ob ein in Pracht lebender Ritterorden, der andere Christen bedrückte, dieser Aufgabe nachkam. Schließlich der wirtschaftliche Konflikt: Durfte ein geistlicher Orden wirtschaftlichen Reichtum anhäufen?

Zu diesen Konflikten trat noch die Außenpolitik hinzu: Nach der Eroberung Preußens kämpfte der Orden gegen den letzten verbliebenen nichtchristlichen Nachbarn, die Litauer. Den litauischen Herrschern, die religiös

„Die preußische Huldigung" (1525). Das 1783 – 1786 entstandene Historiengemälde Marcello Bacciarellis im Warschauer Königsschloss zeigt den einstigen Hochmeister des Deutschen Ordens und nunmehr ersten Herzog in Preußen, Albrecht von Hohenzollern, der vom polnischen König Sigismund I. sein Herrschaftsgebiet zum Lehen erhält tolerant waren und über Katholiken und orthodoxe Christen herrschten, gelang es im 14. Jahrhundert, ein Großreich, das „Großfürstentum Litauen", aufzubauen, das von der Ostsee bis zum Schwarzen Meer reichte und das von den Kreuzzügen des Ordens, den sogenannten Litauerreisen, an denen auch viele süd- und westdeutsche Ritter teilnahmen, nicht besiegt werden konnte. 1386 trat der litauische Großfürst Jogaila, nach der Taufe Władysław Jagiełło, zum Christentum über, heiratete die Erbin Polens, die junge Hedwig von Anjou, und wurde in Krakau zum polnischen König gekrönt. Diese politische Ehe führte das Königreich Polen und das Großfürstentum Litauen in einer Personalunion zusammen.

Dieser vereinigten Macht von Polen und Litauen war der Orden auf die Dauer nicht gewachsen, 1410 erlitt er in der Schlacht bei Tannenberg (Grunwald) eine Niederlage. 1454–1466 wandten sich Stadtbürger und preußische Adlige gegen den Orden, die untere Weichselregion mit den großen, weitgehend deutschsprachigen Städten Danzig, Elbing und Thorn unterstellte sich dem polnischen König und wurde mit breiten Autonomierechten belohnt. Schließlich unterstellte der letzte Hochmeister, Albrecht von Hohenzollern-Ansbach (1490–1568), ein Neffe des polnischen Königs Sigismund, sein verbliebenes Territorium Polen und erhielt es als weltliches Herzogtum Preußen zu Lehen.

Welche Rolle spielten nationale Gegensätze im Konflikt zwischen Deutschem Orden und Polen? Der Orden führte die Bezeichnung „deutsch" (lat. *ordo teutonicus*), was vor allem im 19. Jahrhundert eine Gleichsetzung mit „Deutschland" ermöglichte, seine Elite und die Ritter kamen aus deutschen Territorien. Er war jedoch ein geistlicher Ritterorden, der sich in erster Linie als Teil der Kirche sah und dem Papst unterstellt war. In der Praxis führte er eine Machtpolitik zugunsten seiner stark international orientierten adligen Mitglieder, die mit den Interessen des polnischen Königs, des Erzbistums Gnesen und des polnischen Adels kollidierte. Nationale Gegensätze spielten in diesem Konflikt keine Rolle, der litauisch-polnische König und deutsche Stadtbürger wandten sich gegen den landesfremden Orden, der ihre Interessen beschnitt.

Dynastien, Diplomatie und wirtschaftlich-religiös-kulturelle Verflechtungen um 1500

Im 15. und 16. Jahrhundert erlebte Europa einen demographischen und wirtschaftlich-kulturellen Aufschwung. Dies verfestigte und verdichtete die deutsch-polnischen Verbindungen auf allen Ebenen: Wirtschaftlich beuteten Kaufleute gemeinsam die Metall- und Salzvorkommen (Wieliczka bei Krakau) des Karpatenraumes aus oder entwickelten einen Fernhandel; Deutsche kamen um 1500 zum Studium an die Universität Krakau, Polen im 16. Jahrhundert nach Wittenberg, Leipzig oder Frankfurt an der Oder; der Buchdruck eroberte Europa und beschleunigte den kulturellen Austausch.

Politisch waren um 1500 die oberdeutschen Habsburger und die polnisch-litauischen Jagiellonen die dominierenden Dynastien. Zwischen beiden Familien bestand zunächst eine Rivalität, die 1515 durch einen Ausgleich beigelegt werden konnte: Die Jagiellonin Anna heiratete den zukünftigen König-Kaiser Ferdinand I. und wurde zur Stammmutter der österreichischen Habsburger. Zwischen der großen Jagiellonenfamilie und dem deutschen Hochadel hatte es bereits zuvor zahlreiche Eheverbindungen gegeben. 1475 heiratete Prinzessin Jadwiga (Hedwig) den Wittelsbacher Georg den Reichen. Diese oberbayerische Landshuter Hochzeit war besonders prächtig – so sollen 323 Ochsen, 490 Kälber, 969 Schweine, 3295 Schafe und Lämmer serviert worden sein – und wird in der Region in Form eines historisierenden Festzugs bis heute begangen.

Jagiellonische Prinzessinnen galten den deutschen Fürstenhäusern wegen ihrer königlichen Herkunft und des internationalen Prestiges als interessante Heiratskandidatinnen und wurden nach Franken, Sachsen, Pommern, Brandenburg und Braunschweig verheiratet, habsburgische Prinzessinnen wiederum an den polnischen Königshof vergeben. Über eine jagiellonische Partei versuchte die polnische Diplomatie Einfluss auf die Verhandlungen der Reichstage zu nehmen, die Habsburger bauten ihrerseits eine eigene Partei für den polnischen Reichstag (*Sejm*) auf. Die Hohenzollern waren mehrfach mit den Jagiellonen verschwägert, der in Königsberg residierende Herzog Albrecht, der auch Polnisch sprach, galt als vornehmster polnischer Adliger.

Auch deshalb waren die diplomatischen Beziehungen um 1500 ausgesprochen dicht. Neben der politischen Seite besaßen die zahlreichen Ehen auch eine kulturelle Dimension: Mit den Frauen zog ein weiblicher Hofstaat ins jeweils andere Land, kulturelle Austauschprozesse zwischen Deutschen und Polen wurden hierdurch befördert. Herzog Albrecht gründete in Königsberg eine Universität, die zu einem Begegnungsort vor allem protestantischer deutsch-, polnisch- und litauischsprachiger Studenten wurde.

In Krakau studierte der Geograph und Mathematiker Nikolaus Kopernikus, der aus einer Thorner deutschsprachigen Familie stammte, aber Untertan der polnischen Könige war. Kopernikus begründete das heliozentrische System, wonach sich die Erde um die Sonne, und nicht, wie Bibel und Zeitgenossen dachten, die Sonne um die Erde drehte. Seine Schriften, die von der Amtskirche verurteilt wurden, erschienen seit 1540 in Danzig und Basel, Letzterer ein wichtiger Druckort für polnische Autoren. Im 19. und 20. Jahrhundert entstand um die Nationalität von Kopernikus – Deutscher oder Pole? – ein unsinniger Streit: Der Astronom war Thorner Stadtbürger, ermländischer Domherr, Preuße und polnischer Reichsbürger deutscher Sprache – ein Beleg, dass viele Loyalitäten und Identitäten die Menschen prägten.

Die zunehmende wissenschaftliche und publizistische Verflechtung sowie die Durchsetzung der Volkssprachen Deutsch und Polnisch im Buchdruck ließen um 1500 allerdings erstmals auch nationale Identitäten entstehen. Deutsche Humanisten in Krakau mit Konrad Celtis an der Spitze förderten das Wissen über Krakau, entdeckten nach der Lektüre der *Germania* von Tacitus aber auch die germanische Geschichte und konstruierten eine ruhmreiche deutsche Geschichte von den Germanen, die als Deutsche aufgefasst wurden, bis in die Gegenwart. Das Reich wurde nun Heiliges Römisches Reich „deutscher Nation" genannt. Publizisten und Reformatoren wie Martin Luther wandten sich an die „deutsche Nation".

Im Gegenzug beriefen sich polnische Humanisten wie Maciej von Miechów oder Andrzej Krzycki auf die antike Großregion Sarmatia und postulierten die eigene Abstammung von den Sarmaten, die „niemals besiegt" worden seien und deshalb auch gegenüber den Germanen Vorrang besäßen. Der polnische Adel setzte um 1530 die polnische Sprache als Umgangs- und Drucksprache durch. Als eine Ursache für diese frühe Nationalisierung kann man die Kommunikationsrevolution durch den Buchdruck benennen: Die Menschen lasen und kommunizierten deutlich mehr, sie fühlten sich aber auch zu einer Definition ihrer Identität im Wettstreit miteinander genötigt. Germanen-Deutsche und Sarmaten-Polen beanspruchten teilweise das gleiche Herrschaftsgebiet – hier treten nationale Konflikte hervor, die aber damals auf Intellektuelle begrenzt blieben.

Die breitere Bevölkerung kümmerte sich um solche Streitereien wenig, im Gegenteil: Unter deutschen wie polnischen Stadtbürgern verbreiteten sich populäre Schwänke. So die Ulenspiegel- bzw. Eulenspiegel-Geschichten, die aus Straßburg vor allem nach Krakau gelangten. Aus Till Eulenspiegel wurde der im Polnischen populäre Dyl Sowizdrzał, das Zusammenleben von deutsch- und polnischsprachigen Stadtbürgern führte dazu, dass die Geschichten um Till in beiden Sprachen gehört, übersetzt und weiter ausgeschmückt wurden.

Geprägt wurden Deutsche und Polen von konfessionellen Konflikten, die mit dem Auftreten Martin Luthers (seit 1517) und der Durchsetzung der Reformation einsetzten. Dabei traten polnische Reformatoren in Deutschland genauso auf wie deutsche Reformatoren wie Christoph Hegendorfer in Polen: Johannes a Lasco (Jan Łaski), ein Schüler des Erasmus von Rotterdam und katholischer Propst in Gnesen, wandte sich in den 1530er Jahren der neuen Lehre zu und wurde ab 1540 zum Reformator Ostfrieslands. 1542 – 1548 übernahm er in Emden die Position eines Superintendenten und begründete mit der Einrichtung eines Kirchenrates und der regelmäßigen Zusammenkunft aller Prediger eine synodale Kirchenorganisation. Dieses von polnisch-adligen Vorbildern geprägte Modell fand von Ostfriesland und den Niederlanden aus über England bis in die späteren Vereinigten Staaten Verbreitung.

Natürlich gab es solche Verflechtungen auch auf katholischer Seite: Bischöfe wie Stanislaus Hosius und Martin Kromer modernisierten das mehrheitlich deutschsprachige Bistum Ermland und trugen so zu einer Erhaltung des Katholizismus an der in Rom als „Meer von Ketzern" verschrienen Ostsee bei. In Braunsberg entstand das erste Jesuitenkolleg in Polen-Litauen, dessen Personal sich zu einem großen Teil aus deutschsprachigen Katholiken zusammensetzte, die wiederum die katholische Reform in Polen mitprägten.

Technische, wissenschaftliche und literarische Verbindungen im 17. Jahrhundert

Die deutsch-polnische Grenze war in der Frühen Neuzeit eine der friedlichsten Grenzen Europas. Über zweieinhalb Jahrhunderte kam es hier zwischen 1525 und 1772 zu keinen Konflikten – im kriegerischen 17. Jahrhundert europaweit einzigartig. Zugleich bildete sich in dieser Epoche eine auch im Terrain durch Grenzmarkierungen sichtbare Grenze überhaupt erst heraus, nicht von ungefähr wurde der deutsche Begriff „Grenze" vom slawischen *granica* abgeleitet. Für Personen war diese Grenze jederzeit überschreitbar, polnische Siedler kamen ins südliche Preußen (Masuren), deutsche Siedler nach Großpolen (v. a. nach Lissa). Gegenseitig lernte man die Sprache der Nachbarn, da dies wirtschaftlich oder politisch vorteilhaft war.

Spezialisten wurden wechselseitig angeworben. Dies galt auch für militärisches Personal: Polnische Söldner und leichte Reiter tauchten im Dreißigjährigen Krieg 1620–1623 in Franken, Hessen und der Pfalz auf – die Tradition der leichten Reiterei von Ulanen und Husaren ging bis ins 19. Jahrhundert auf polnische Verbände und Vorbilder zurück. Preußische Husaren trugen noch im 19. Jahrhundert eine viereckige „polnische Tschapka". Umgekehrt warb der polnische König deutsche Infanterie an, die als besonders modern und durchsetzungsfähig galt.

Die Nachbarn nahmen aber auch Flüchtlinge und Exilanten auf, insbesondere als sich die konfessionellen Spannungen verschärften: Martin Opitz floh 1633 zusammen mit dem schlesischen Piastenherzog Johann Christian von Brieg nach Thorn und Danzig und stieg dort zum königlich-polnischen Sekretär und Hofgeschichtsschreiber Władysławs IV. auf. Auch der bedeutendste deutsche Barockdichter Andreas Gryphius verband in seiner Biographie deutsche und polnische Elemente. Als Zwölfjähriger floh er wie viele protestantische Schlesier ins polnische Fraustadt und besuchte in Danzig ein Gymnasium. In Polen wurden 1637 seine „Lissaer Sonette" gedruckt, später ließ er sich wieder im polnischen Fraustadt nieder und pendelte von dort aus bis 1650 nach Schlesien. Umgekehrt siedelte im 18. Jahrhundert der Protestant Daniel Ernst Jablonski (1660 – 1741) aufgrund des zunehmend intoleranter werdenden Klimas in Polen nach Berlin über und stieg dort zum preußischen Hofprediger auf.

Die deutschen Staaten und die Teilungen Polen-Litauens

Einen letzten Höhepunkt fanden frühmoderne deutsch-polnische Verflechtungen im 18. Jahrhundert in der Sächsisch-Polnischen Union (1697 – 1763): Die sächsischen Kurfürsten wurden als August II., „der Starke", und August III. auf den polnischen Thron gewählt, konvertierten zum Katholizismus und regierten in Personalunion Sachsen und Polen. Die Herrscher wie auch ihre Wähler erhofften sich hiervon eine Modernisierung Polen-Litauens: Das gewerblich hochentwickelte Sachsen sollte zum Vorbild für Polen-Litauen werden. Diese Pläne gingen nicht auf: Durch wiederholte

Bernardo Bellotto (genannt Canaletto) malte berühmte Stadtansichten von Dresden und Warschau. Hier die polnische Hauptstadt kurz vor der ersten Teilung Polens (um 1770). Nach Bildern wie diesem wurde Warschau nach der Zerstörung im Zweiten Weltkrieg wieder aufgebaut.

Kriege, eine preußische Grenzblockade und innere Konflikte scheiterten Reformversuche zu großen Teilen.

Jedoch bedeutete die sächsisch-polnische Allianz eine Glanzzeit für die Entwicklung von Architektur, Kunst und Musik: Dresden und Warschau wurden zu Residenzstädten ausgebaut, Architekten, Kunsthandwerker und Musiker schufen eine spätbarocke Kultur, die auch heute noch den Reiz von Dresden ausmacht, während viele Baudenkmäler aus der Sachsenzeit in Warschau im Zweiten Weltkrieg zu großen Teilen zerstört und nicht wieder aufgebaut wurden. Trotz ihres weitgehenden politischen Scheiterns waren die sächsischen Wettiner in Polen-Litauen so angesehen, dass sie in

66 Jahre dauerte – mit kurzer Unterbrechung – die sächsisch-polnische Union. Dresden wurde zu einem neuen Zentrum deutsch-polnischer Kontakte. Von der barocken Pracht der Elbresidenz zeugt bis heute der Zwinger (1709 – 1728) – auf dem Kronentor thront die polnische Königskrone.

Allegorische Darstellung der ersten Teilung Polens 1772: Die drei Herrscher Katharina II. (l.), Joseph II. und Friedrich II. (r.) reißen große Teile des Landes an sich, während sich der polnische König Stanisław August (2. v. r.) bedrückt abwendet. Französischer Stich von 1773.

der Verfassung von 1791 zur polnischen Erbdynastie gewählt wurden und intensive sächsisch-polnische Verbindungen bis weit ins 19. Jahrhundert reichen.

Als historisch bedeutsamer erwies sich aber eine andere Entwicklung: Brandenburg-Preußen, der Konkurrent der sächsisch-polnischen Verbindung, stieg im 18. Jahrhundert durch militärische Erfolge zur neuen europäischen Großmacht auf. Der Gründer dieser Großmacht, Friedrich II., „der Große", entwickelte bereits vor Regierungsantritt eine Abneigung gegen den polnischen Adel, in dem er bloße „Tunichtgute" und „Schwätzer" sah. Ein Leben lang plante er aus wirtschaftlichen und strategischen Gründen eine Annexion polnischer Gebiete, um die zerrissenen Territorien der Hohenzollernmonarchie zu stabilisieren. Hierfür prägte er seit 1752 den Vergleich mit einer Artischocke: Man müsse Polen „Blatt für Blatt" verzehren.[2]

Friedrich II. nutzte die Souveränitätskrise Polen-Litauens, wo seit 1768 infolge misslungener russischer Eingriffe ein Bürgerkrieg tobte, und das Engagement Russlands in einem Krieg gegen das Osmanische Reich zu einer geschickten Diplomatie: Nur durch eine Teilung Polen-Litauens sei ein internationaler Konflikt und ein europaweiter Krieg zu verhindern, ein solches Vorgehen sei eine wahre Friedenspolitik. Am Ende gelang dieser Plan, da auch der habsburgische Kaiser Joseph II. Galizien erwerben wollte und Katharina II. keinen neuen europäischen Krieg brauchte: Die erste Teilung 1772 gab der Hohenzollernmonarchie eine Landverbindung vom östlichen Preußen nach Pommern und zentrale Einnahmen aus dem Weichselhandel, laut einer späteren Einschätzung Bismarcks entstanden hier „Preußens beste Sehnen".[3]

Von späteren Historikern sind die Teilungen Polens oft als Ursprung eines deutsch-polnischen Gegensatzes wahrgenommen worden. Das waren sie aus der Intention der Akteure nicht: Friedrich II., Joseph II. und Katharina II. waren kalt rechnende Machtpolitiker, die keine nationalen Interessen verfolgten. Friedrichs antipolnische Klischees verfolgten das politische Ziel, Polen zu diskreditieren, rührten aber nicht von nationalen Feindbildern her – persönlich pflegte der König eine Freundschaft mit dem ermländischen Bischof und Schriftsteller Ignacy Krasicki. Jedoch lösten die Teilungen Konflikte und zunehmend verbreitete Stereotype über den jeweils anderen aus: Das deutschsprachige Verwaltungspersonal in Westpreußen und Ga-

2 Die politischen Testamente der Hohenzollern, hg. v. Richard Dietrich. Köln, Wien, S. 369 – 374.

3 Aus einem offenen Brief Bismarcks an die Magdeburgische Zeitung v. 20.04.1848, zit. nach Otto von Bismarck, Bismarckbriefe 1836 – 1872, hg. v. Horst Kohl. Hamburg 2013, S. 65.

lizien behandelte die Polen abschätzig und voller Vorurteile, die auch von den Herrschern noch geschürt wurden. Als 1781 in Westpreußen Steuerrückstände aufliefen, hieß es in einer Kabinettsordre Friedrichs II.: „Das ist alles die liederliche polnsche Wirtschaft der dortigen Edelleute Schuld, die sich nicht zur Ordnung gewöhnen wollen, darum müssen sie [...] scharf dahinter her sein und den Edelleuten Exekution geben [...], ansonsten schicken sie das Geld doch nur nach Polen oder fressen alles auf."[4] „Schlechte polnische Wirtschaft" versus „deutsche Ordnung", „scharf vorgehen" – in Zitaten wie diesen kündigen sich die Konflikte des 19. Jahrhunderts an. Die „polnische Wirtschaft" wurde zu einem zentralen deutschen Stereotyp gegenüber dem östlichen Nachbarn, während viele Polen in Preußen und bald auch in Deutschen nur noch Räuber sahen. Eine frühneuzeitliche polnische Stereotypie gegenüber Deutschen bestand nur rudimentär, der polnische Adel sah in den Deutschen oftmals nicht gleichrangige bürgerliche „Pfefferkuchenbäcker", die Wahrnehmung des durchschnittlichen Deutschen als *luter* (von „Luther") zeigte die konfessionelle Differenz.

Zweierlei Ende um 1800: Polen-Litauen und das Alte Reich

Der ältere deutsche wie der ältere polnische Staatsverband brechen um 1800 zusammen: Polen-Litauen wird zwischen den expandierenden Ostmächten, das Alte Reich „deutscher Nation" 1803/06 zwischen Frankreich und expandierenden Territorien aufgeteilt – ein verfasster deutscher Staatsverband existierte nun nicht mehr. Insgesamt stehen die Prozesse, die zu diesen Ereignissen führten, in einem engeren Zusammenhang, als oft wahrgenommen. Beide Verbände waren defensiv organisiert und konnten sich gegen moderne Mächte, die Militär, Steuerstaat und hochentwickelte Bürokratie neu bündelten, kaum wehren.

Die Teilungen Polens (zweite Teilung 1793, dritte Teilung 1795) lösten auch bei Deutschen Existenzängste aus. Johann Gottfried Seume formulierte 1805: „Wir sind, wenn wir so fortfahren, in der Gefahr, weggewischt zu werden wie die Sarmaten; und bald wird man in unsern Gerichten fremde Befehle in einer fremden Sprache bringen."[5]

Ganz so kam es nicht. Zwar verschwand mit den jeweiligen Aufteilungen die Konstellation zweier gleichberechtigter föderaler Staatsverbände – ein deutlicher Bruch. Jedoch standen Deutsche nur kurzzeitig – in der napoleonischen Epoche – unter der Herrschaft einer fremden Verwaltung, sodass nicht wie in Polen, das 123 Jahre geteilt blieb, ein massiver Widerstand gegen eine Fremdherrschaft entstand.

4 Kabinettsorder an Kammerdirektor von Korckwitz, 02.10.1781, zitiert nach Max Bär, Westpreußen unter Friedrich dem Großen. 2 Bde., Berlin 1909, Bd. 2, S. 439 – 440.

5 Johann Gottfried Seume, „Mein Sommer 1805", in: ders., Werke in zwei Bänden, hg. v. Jörg Drews. Frankfurt a. M. 1993, Bd. 1, S. 552; Brief von Mitte Dezember 1805 an Carl August Böttiger, in: Johann Gottfried Seume, Briefe, hg. v. Jörg Drews u. Dirk Sangmeister. Frankfurt a. M. 2002, S. 521 – 522.

Annäherung und Entfernung: Deutsch-polnische Nachbarschaft im 19. Jahrhundert

Marta Kopij-Weiß

Die deutsch-polnische Beziehungsgeschichte im „langen" 19. Jahrhundert ist von Asymmetrien und spannender Dynamik geprägt. Verflechtungen und Entflechtungen, Annäherung und Entfernung, Begeisterung und Ablehnung, Interesse und Desinteresse befinden sich im ständigen Wechselspiel und polarisieren die gegenseitige Wahrnehmung. Kontakte und Konflikte zwischen Deutschen und Polen gewinnen um die Zeit an besonderer Intensität, machen sich auf mehreren Ebenen des Lebens bemerkbar und spielen sich in unterschiedlichen Kontaktzonen ab. Die Verflechtungen reichen bis weit in den Alltag hinein und scheinen wegen ihres Ausmaßes, aber auch wegen ihrer Selbstverständlichkeit kaum durchschaubar und ausgrenzbar zu sein. Auch die historisch-politische Lage macht den Versuch, das Gesamtbild der deutsch-polnischen Beziehungen im 19. Jahrhundert zu erfassen und in seiner verflochtenen Gestalt wiederzugeben, nicht einfach.

Geteilte Reiche

Die Teilungen Polens von 1772, 1793 und 1795 ließen den polnischen Staat von der politischen Karte Europas verschwinden. Mit dem Frieden von Tilsit 1807, infolge dessen Preußen fast alle Eroberungen aus der zweiten und dritten Teilung verlor und Napoleon das Herzogtum Warschau bildete, kam die Hoffnung auf die Wiedergewinnung der politischen Unabhängigkeit, die jedoch schon 1815 infolge der Beschlüsse des Wiener Kongresses aufgegeben werden musste. Im „Zeitalter der Nationen" existierte Polen als souveräner (National-)Staat nicht, was einen nachhaltigen Einfluss auf dessen Wahrnehmung in anderen europäischen Ländern hatte. Besonders stark hat dies die gegenseitige deutsch-polnische Wahrnehmung (vor-)belastet und den deutschen Polendiskurs sowie den polnischen Deutschlanddiskurs geprägt. Dabei ist nicht zu vergessen, dass auch Deutschland als geeinte Nation erst 1871 wiederentstand. Davor stellte es ein zersplittertes

Gebilde dar und befand sich teilweise unter französischer Fremdherrschaft. Die Bestimmungen des Wiener Kongresses bedeuteten auch für die deutsche Nation Enttäuschungen. Immerhin wurde aber der Deutsche Bund ins Leben gerufen, während Polen keine nationale Einrichtung bekam.

Wenn man über die deutsch-polnische Beziehungsgeschichte im 19. Jahrhundert spricht, muss man stets den geschichtlich-politisch-geographischen Hintergrund vor Augen haben. Es ist notwendig zu differenzieren, ob wir es mit Polen aus dem preußischen Teilungsgebiet zu tun haben, wo vor allem in der Bismarck- und Kulturkampfära die Germanisierungspolitik als Nationalisierungsinstrument immer mehr zunahm und die Polen sich als Deutsche polnischer Herkunft fühlen sollten, oder ob es um Polen aus dem österreichischen Teilungsgebiet geht, die seit den 1860er Jahren immer mehr Rechte genießen durften und letztendlich die Autonomie erhielten (dieses Teilungsgebiet mit seinen zwei polnischen Universitäten in Lemberg und Krakau wurde zum symbolischen Zentrum der polnischen Kulturnation). Ein ganz anderes Verhältnis zum „Deutschtum" bestand im russischen Teilungsgebiet, in dem die Erinnerungen an politisch-kulturelle Beziehungen zu Sachsen im 18. Jahrhundert aus der Zeit der Personalunion zwischen Sachsen und Polen immer noch lebendig waren und eine beziehungsreiche Tradition entfalteten. Zudem stellte die breit verstandene deutschsprachige Kultur eine Alternative gegenüber der imperialen Kulturpolitik Russlands dar. Die geteilten Gebiete Polens waren somit unterschiedlichen Einflüssen ausgeliefert, sodass im Zuge der 123 Jahre andauernden Fremdherrschaft die Entstehung einer wirtschaftlichen, sozialen und kulturell-mentalen Bindung der polnischen Bevölkerung an die Teilungsmächte nicht zu vermeiden war. Im preußischen und österreichischen Teil bildete sich quasi automatisch eine, wenn auch nicht gewollte, Nähe zum deutschsprachigen Raum heraus, infolge derer sich das wirtschaftlich-gesellschaftliche Abhängigkeitsverhältnis verstärkte und die kulturelle Nachbarschaft verfestigte.

Ein weiterer die Annäherung direkt oder indirekt fördernder Faktor waren Migrationen. Bis in die Mitte des 19. Jahrhunderts verliefen die Migrationen in der Regel *von West nach Ost*. Und so trug, um ein Beispiel zu nennen, die Einwanderung von Deutschen aus Hessen, dem Rheinland und der Pfalz zur Entwicklung der Großstadt Lodz bei, die angesichts des spektakulären Aufschwungs „Manchester des Ostens“ genannt wurde. Ab Mitte des 19. Jahrhunderts schlug die *Migrationsrichtung* um und verlief nun in erster Linie *von Ost nach West*. Neben der akademischen und politischen Migration war die Erwerbsmigration im Zeitalter der Industrialisierung die dominanteste und ausschlaggebendste. Ihre Wege führten vor allem ins Ruhrgebiet und nach Berlin.

Die Migrationsprozesse im 19. Jahrhundert führten zwangsläufig zur immer dichteren Verflechtung der deutschen und polnischen Gesellschaft. Die Spuren davon sind auch heutzutage zu sehen und machen sich etwa in den polnisch klingenden Namen bemerkbar, die zahlreiche deutsche Staatsbürger tragen. Spätestens ab der zweiten Generation integrierten sich nämlich die polnischen bzw. polnischsprachigen Zuwanderer in die deutsche Gesellschaft, sodass sie zu ihrem selbstverständlichen Bestandteil geworden sind. Dies gilt ebenfalls für die Lebensläufe der deutschen Migranten, die in die polnische Gesellschaft hineinwuchsen.

Ethnisch-kulturell-konfessionell wiesen weder die deutsche noch die polnische Gesellschaft eine einheitliche Struktur auf. Einen direkten Anteil an ihrer Differenzierung hatte auch die jüdische Bevölkerung, die ebenfalls alles andere als homogen war. In der bürgerlichen, protestantisch-katholisch geprägten deutschen Gesellschaft waren die *Juden* mit der deutschen Kultur meistens stark verflochten, was u. a. auf die jüdische Aufklärung *(Haskala)* zurückzuführen ist, die zur Akkulturation der in Deutschland lebenden Juden beitrug. Die meisten von ihnen gehörten übrigens auch zum Bürgertum. Im polnischen Sprachraum, in dem die römisch-katholische Bevölkerung dominierte (über 70 %) und wo im Gegensatz zur deutschen Gesellschaft immer noch feudale Strukturen mit der Dominanz des Adels (poln. *szlachta*) vorherrschten, war die Schichtung der jüdischen Bevölkerung intransparenter und dazu noch in jedem Teilgebiet anders. Viele in den polnischen Gebieten lebende Juden lehnten die Akkulturation an die polnische Umgebung ab. Allerdings entschieden sich nicht wenige Juden trotzdem für die polnische oder deutsche Akkulturation, wobei eine Übernahme der deutschen Kulturtradition in den jüdischen Eliten überwog, denn sie bot bessere Bildungsmöglichkeiten und Deutsch war für die Jiddisch sprechenden Juden viel einfacher zu erlernen. Im preußischen Teilungsgebiet dagegen identifizierten sich die meisten Juden mit der deutschen Kultur und

Gesellschaft, und so akkulturierten sie sich, wozu im großen Ausmaß das Toleranzedikt für Großpolen von 1812 und dessen Erweiterung von 1833 beitrugen. Aber auch wenn die Akkulturationsprozesse der Juden in der deutschen und polnischen Gesellschaft in so unterschiedlichen und asymmetrischen Dimensionen verliefen, bleibt ihre Mitwirkung an der Entwicklung und Förderung der beiden nationalen Kulturen unangefochten.

Die deutsch-polnischen Beziehungen im 19. Jahrhundert kann man pauschalisierend in zwei große Abschnitte teilen. Fast genau in der Mitte des Jahrhunderts – 1848/49 – findet im Frankfurter Paulskirchenparlament die sogenannte Polendebatte statt, die eine bedeutende politisch-historische Zäsur in der deutsch-polnischen Beziehungsgeschichte markiert. Noch im März 1848 setzte sich die deutsch-preußische Bevölkerung – von der vormärzlichen Solidarität getragen – für die Freilassung vieler im Moabiter „Polenprozess" verurteilter polnischer Verschwörer ein, die wegen ihrer politischen Aktivitäten und konspirativen Vorbereitungen eines Aufstands in Posen (1846) verhaftet und des Hochverrats angeklagt wurden. Acht Verschwörer, darunter der Patriot und ehemalige Mitstreiter des Novemberaufstands Ludwik Mierosławski, wurden zum Tode verurteilt. Das aufgebrachte Volk bewirkte jedoch mitten in der Märzrevolution die Begnadigung der verurteilten Polen. Mierosławski, dessen Verteidigungsrede vor dem Berliner Kammergericht von 1847 ihn in der deutschen Öffentlichkeit bekannt machte, blieb nach der Freilassung seiner Linie treu und gründete noch 1848 ein polnisches Revolutionskomitee in Berlin, um einen neuen Aufstand vorzubereiten und ins Leben zu rufen. Aber um diese Zeit bahnte sich bereits eine Wende in der deutsch-polnischen Beziehungsgeschichte an. Die nationalen Gegensätze und Interessenkonflikte machten sich immer mehr bemerkbar. Die im Vormärz noch gemeinsam verfolgten Ziele des Kampfes um die Freiheit neigten sich so ihrem Ende zu.

Das Jahr 1848 und der Beginn der Polarisierung

Der Umschwung der Völkerfrühlingsstimmung und die deutsch-polnische Polarisierung kamen bereits im April 1848 während der Vorbereitungen auf die Frankfurter Nationalversammlung zum Vorschein. Die zur Debatte gestellte Erweiterung des Deutschen Bundes auch auf die östlichen

1830/31 kämpften die Polen im Novemberaufstand gegen die russische Fremdherrschaft. Die Schlacht bei Ostrołęka (26.5.1831) wurde später zu einem Symbol für den gescheiterten Aufstand. In dem Gedicht „Die letzten Zehn vom Vierten Regiment" verherrlichte der deutsche Dichter Julius Mosen die Tapferkeit der polnischen Aufständischen. Lithografie, nach 1830.

Provinzen Preußens löste unter Polen (im preußischen Teilungsgebiet) eine Protest- und Widerstandswelle aus. In der Deutschen Nationalversammlung, an der zuerst als einziger polnischer Abgeordneter der Geistliche Jan Janiszewski teilnahm und Einspruch gegen die Teilung der Provinz Posen und die Eingliederung Westpreußens in den Deutschen Bund erhob, wurde klar, dass sich die beiden nationalen Projekte – das deutsche und polnische – nicht versöhnen lassen, dass die Wiederherstellung Polens für Deutschland erhebliche territoriale Verluste bedeuten würde. Die „sentimentale Polenbegeisterung" musste nach Überzeugung vieler dem „gesunden Volksegoismus" Platz machen, wie der Abgeordnete Wilhelm Jordan in seiner berühmten Rede an die deutsche Öffentlichkeit aussagekräftig und wirkungsstark argumentierte. So entschwand immer mehr die Epoche der pulsierenden Aufbruchsstimmung der 1830er bis 1840er Jahre samt ihrer sensationellen Begeisterung für den polnischen, gegen die russische Fremdherrschaft organisierten Novemberaufstand von 1830/31 und der solidarischen Anteilnahme der deutschen Bevölkerung für die Aufständischen. Diese Periode war zwar von kurzer Dauer, aber sie bildet ein spannendes Kapitel in der deutsch-polnischen Beziehungsgeschichte. Immerhin wurden außerhalb Preußens, insbesondere in Sachsen, Hessen und Baden, zahlreiche „Polenvereine" ins Leben gerufen, die den geschlagenen polnischen Soldaten (überwiegend Offizieren) bei ihrem Durchzug aus Kongresspolen, aber auch anderen polnischen Gebieten nach Frankreich – ihrem Zufluchtsziel – Unterstützung unterschiedlichster Art boten. Höhepunkt und markantes Kennzeichen jener „Polenschwärmerei" und der deutsch-polnischen Verbundenheit war das am 27. Mai 1832 beginnende Hambacher Fest. Andere nennenswerte Symbole waren u.a. das 1832 entstandene Gemälde „Finis Poloniae 1831" von Dietrich Monten, Richard Wagners Ouvertüre „Polonia" von 1836 mit den Zitaten aus der „Dąbrowski-Mazurka", der späteren polnischen Nationalhymne, und zahlreiche den polnischen Freiheitskämpfern gewidmete Gedichte, die als „Polenlyrik" bekannt sind. Im Revolutionsjahr 1848 fand jene deutsch-polnische Solidarität zwar noch ihre Fortsetzung – insbesondere in Preußen –, aber sie ging danach rasch zu Ende.

Gegenseitige Wahrnehmung und Kulturtransfer

Der nach 1848/49 eintretende Wandel in den deutsch-polnischen Beziehungen zeichnete sich im kulturell-literarischen Bereich ab. Das deutsche Polenbild im 19. Jahrhundert war so wie die politischen Verhältnisse gespalten. Einerseits bildete sich eine positive, von romantischen Bildern des „edlen Polens“ und der „schönen Polin“ geprägte Tradition, die in den 1830er und 1840er Jahren die Oberhand gewann. Andererseits setzte sich ab Mitte des Jahrhunderts immer wieder eine negativ gefärbte Wahrnehmung von Polen durch, in der die Bilder von Unmodernität und Rückständigkeit überwogen. Diese Vorstellungen mündeten im negativ konnotierten, aber dafür plastischen und einprägsamen Stereotyp der „polnischen Wirtschaft“, das Georg Forster, der Naturwissenschaftler und Reiseschriftsteller der Aufklärung, Ende des 18. Jahrhunderts geprägt hatte. Ambivalente Wahrnehmungen gab es ebenfalls im polnischen Deutschlandbild, wo neben Anerkennung für bürgerliche Tugenden wie Fleiß, Ordnung, Pünktlichkeit, aber auch für zivilisatorisch-kulturelle Leistungen, ein negatives Bild der Deutschen gang und gäbe war. Mit ihm hängen Bezeichnungen der Deutschen wie „Kreuzritter“ oder „Preuße“ zusammen, die für Egoismus, emotionale Kälte, Materialismus und Militarismus stehen.

Aber auch wenn man von der Ambivalenz in der gegenseitigen Wahrnehmung ausgeht, muss man sich darüber im Klaren sein, dass sich im Laufe des 19. Jahrhunderts vor allem negative Klischees in das kollektive Bewusstsein eingeprägt haben, die dann oft unreflektiert ins 20. und 21. Jahrhundert übertragen wurden. Die in der zweiten Hälfte des 19. Jahrhunderts entstandenen Konfigurationen des anderen bestimmen nämlich auch heute noch die Betrachtungsweise der anderen Kultur. Bezeichnenderweise erfolgt diese Wahrnehmung überwiegend im Spiegel der negativen Stereotypisierungen, deren mentale Beharrungsstärke sie zu einem Phänomen der „langen Dauer“ werden ließ. Trotz vieler deutsch-polnischer Debatten wie auch Untersuchungen zu Stereotypen wundert man sich auch heutzutage immer wieder über die erstaunlich tiefe Verankerung negativer Stereotypisierungen in der Mentalität und ihren Einfluss auf das pauschale öffentliche Urteil.

Einen nicht zu unterschätzenden Beitrag auf dem Gebiet der Stereotype leistete die Literatur. Es seien von vielen nur zwei spektakuläre Beispiele genannt: der Bestseller-Roman *Soll und Haben* (1855) von Gustav Freytag (1816–1895), der zwar heute in Vergessenheit geraten, aber in der zweiten Hälfte des 19. Jahrhunderts von großem Leseerfolg gekrönt war, und der polnische Roman *Kreuzritter* (1905) von Henryk Sienkiewicz (1846–1916), der heute noch zum polnischen Literaturkanon gehört und Schullektüre ist. Die beiden Autoren bedienten sich negativer Stereotypisierungstechniken und beeinflussten oder verfestigten so die klischeehafte Wahrnehmung der deutschen bzw. der polnischen Kultur.

Trotz dieser kollektiv überwiegenden negativen Wahrnehmung war und ist die deutschsprachige Kultur eine wichtige Inspiration und Gegenstand intensiver Rezeption im polnischen Kulturraum. Ihre impulsgebende Kraft und ihr intellektuelles Potential wurde hier nie in Frage gestellt, sondern im Gegenteil eher als eine Möglichkeit der geistig-kulturellen Entwicklung und Selbstverwirklichung gesehen. Um die Wirkung und Kenntnis der polnischen Kultur im deutschsprachigen Raum war es dagegen viel schlechter bestellt, was aber nicht daran lag, dass sie nicht vermittelt wurde. Sie stieß bloß auf viel geringeres Interesse als die als interessanter und anziehender empfundene russische Kultur.

In den polnischen Kulturraum ist das deutsche Kultur- und Gedankengut auf zweierlei Weise eingedrungen: Einerseits wurde es direkt im Rahmen der Sozialisierung der polnischen Bürger des preußisch-deutschen Staates rezipiert, andererseits bewusst und selektiv, indem die deutsche Kultur die individuelle Bildung anregte oder förderte und an der Entwicklung des nationalen polnischen Selbstbewusstseins mitwirkte. Einer der bekanntesten polnischen Dichter, der Romantiker Adam Mickiewicz (1798–1855), lernte in seiner Begeisterungsphase für die deutsche Literatur, die er selbst „Germanomanie" nannte, aus freien Stücken und selbständig Deutsch, um dadurch einen besseren Zugang nicht nur zum deutschen, sondern auch zum englischen Kulturgut zu bekommen. So berichtete er 1819 einem seiner Freunde, er habe in deutscher Sprache Fortschritte gemacht und mit Hilfe eines Wörterbuchs könne er „ziemlich flott" lesen, was ihm ganz neue Erkenntnisperspektiven eröffnet habe und auf die französische Vermittlung verzichten lasse.[6] Während in der ersten

6 Adam Mickiewicz, „Listy. Część I. Od roku 1817 do roku 1831", in: ders., Dzieła. Wydanie Narodowe, bearb. von Stanisław Pigoń. Bd. 14, Teil 1, Warszawa 1953, S. 59.

Kurze Beschreibung der In Europa Befintlichen Völckern Und Ihren Eigenschafften.

Namen.	Spanier.	Frantzoß	Wälisch.	Teutscher.	Engerländer.	Schwödh.	Bo
Sitten,	Hochmütig.	Leichtsinig	Hinderhaltig,	Offenherzig.	Wohl Gestalt.	Stark und Groß	Bäu
Natur Und Eigenschaft	Wunderbarlich	Holdseelig Und gesprächig	Eifersichtig,	Ganz Gut.	Lieb-reich.	Graus-sam.	Hoch
Verstand.	Klug und Weiß	Firsichtig.	scharffsinig.	Wizig.	Ammuthig.	Hartnäkig.	Gering
Anzeigung dern Eigenschaften	Mänlich,	Kindisch.	Wie jederwill,	Uber Allmit,	Weiblich.	Unerkendlich,	Mitt
Wissenschaft.	schrifftgelehrt.	In Kriegssachen	In Geistlichen Rechte	In Weltlichen Rechte	Welt Weis.	In Freyen Künsten	In ... lichen
Tracht Der Klaidung	Ehrbaar.	Unbeständig.	Ehrsam.	Macht alles Nach	auf Französchischeart	Von Löder.	Lang
Untugent,	Hoffärtig.	Betrügerisch.	Geilsichtig.	Verschwenderisch	Unruhig,	Aber Glauberisch	Br
Lieben,	Ehrlob und Rum	Den Krieg.	Das Gold,	Den Trunck.	Die Wohllust,	Köstliche Speisen	Den
Krankheiten.	An Verstopfung	An Ligner.	An böller seüch	An bodogrä.	An Der schwindsucht	An Der Wassersucht	Den D
Ihr Land.	Ist fruchtbaar	Wohlgearbeith	Ergözlich Und Wohllistig	Gut,	Fruchtbaar.	Bergig.	Wa
Kriegs Tugente	Groß Müthig.	Arglistig.	Firsichtig.	Uniberwindlich	Ein See Held.	Unverzackt.	Un
Gottesdienst,	Der aller beste	Gut	Etwas besser,	Noch Andächtiger	Derenderlich Wie der Mond	Eifrig im Glauben	Glaubt
Erkennen Für Ihren Herrn	Einen Monarchen	Einen König,	Einen Bäterärch	Einen Käiser,	bald den bald jene	Freüe Herrschaft	Einen
Haben Überfluß	An Früchten,	An Waren,	An Wein,	An Getraid,	An fich Weid.	An Ärtz Kruben	An B
Die Zeit Vertreiben,	Mit Spillen,	Mit betrügen	Mit schwätzen	Mit Trincken,	Mit Arbeiten,	Mit Essen.	Mit z
Vergleichung Mit denen Thiren	Ein Elöfanthen	Ein Fuchsen,	Einen Luchsen,	Einen Löben,	Einen Pferd,	Einen Ochsen,	Einen
Ihr Leben Ende.	In Böth.	In Krieg,	In Kloster,	In Wein.	In Wasser.	Auf der Erd,	Im

Von Prassern und Trunkenbolden – Nationale Stereotype

Marta Kopij-Weiß

Stereotype bevölkern seit vielen Jahrhunderten deutsche und polnische Vorstellungswelten vom Nachbarn. Sie beschränken sich auf einige tatsächliche oder vermeintliche Eigenschaften des Anderen. Auf der im 18. Jahrhundert entstandenen Steirischen Völkertafel gelten die Deutschen als „offenherzig“, dem „Trunk“ zugetan und „uniberwindlich“, die Polen als „bäurisch“, „Prasser“ und zanklustig. Vor allem in der ersten Hälfte des 20. Jahrhunderts griffen Karikaturen die nationalen Stereotype auf. Als 1919 um die Grenzen zwischen dem wiederentstandenen Polen und Deutschland gestritten wurde, überbot sich die deutsche Presse darin, den Polen „polnische Wirtschaft“ (Durcheinander), Schmutz und nationalen Größenwahn vorzuwerfen. So tat es auch der „Kladderadatsch“.

Die Steirische Völkertafel vom Anfang des 18. Jh. zeigt, welche nationalen Stereotype im süddeutschen Raum im Umlauf waren. Während den Deutschen hier ein „gewitzter“ Verstand und „offenherziges“ Auftreten zugeschrieben wird, wird für Polen etwa eine Vorliebe für den Adel und zugleich ein „bäuerisches“ Auftreten konstatiert.

Rok Warszawa, dnia 4 Września 1914 r. XLVI.

№ 36

ADMINISTR.: BIURO UNGRA Wierzbowa 8.

MUCHA

REDAKCJA Polna 78.

Cena egz. 10 kop.

W KALISZU.

Major Preusker. — Tyle się mówi o wielkości cywilizacji angielskiej, francuskiej i innych, ale nieść kulturę tak wysoko, jak my, niemcy, żaden naród na świecie nie potrafi.

Aufgrund der engen Nachbarschaft und zunehmenden Konfrontation entstanden im 19. und 20. Jahrhundert viele Stereotype von Deutschen und Polen. In Polen galten Deutsche als preußisch-militaristisch und rücksichtslos (aber auch als fleißig, konsequent und Angehörige einer großen Kulturnation). Diese Karikatur entstand gleich zu Beginn des Ersten Weltkriegs, als deutsche Truppen die direkt hinter der Grenze zu Russisch-Polen gelegene Stadt Kalisch komplett zerstörten; rund 250 zivile Einwohner starben. „Major Preusker: ‚So viel wird über die Größe der englischen, französischen und anderer Zivilisationen geredet, doch keine andere Nation auf der Welt vermag es, die Kultur so hoch zu halten wie wir Deutsche.'" (Mucha 1914, Nr. 36 , 4.9.1914)

In der deutschen Öffentlichkeit herrschte von Polen ein überwiegend negatives Bild. Zwar erinnerte man sich an die große Tradition des polnischen Adels, doch hatten hunderttausende von landwirtschaftlichen Saisonarbeitern und Erwerbsmigranten den Deutschen vor allem proletarisch-polnische Lebenswelten vor Augen geführt, und viele Deutsche im preußischen Osten waren ebenfalls um Abgrenzung zu den vermeintlich besonders deutschfeindlichen, nationalistischen und zudem erzkatholischen Polen bemüht. Die Erfahrungen deutscher Landser im besetzten Polen 1914 – 1918 verstärkten die Stereotype weiter, so dass sie nach Kriegsende sofort Einzug in die politischen Auseinandersetzungen hielten, kämpften das geschlagene Deutschland und das neu entstandene Polen doch um Grenzgebiete und politischen Einfluss im neuen Europa. „Der Pole ist arbeitsam, / ist freiheitsliebend und tapfer gegen seine Unterdrücker und Blutsauger, / ist edelmütig, denn er beläßt uns sogar Berlin, / sodaß die schönsten Hoffnungen für dieses wieder aufblühende, geeinte Volk berechtigt sind." (Kladderadatsch 1919, Nr. 5, 2.2.1919)

1901 wehrten sich über 100 Schülerinnen und Schüler aus der östlich von Posen gelegenen Kleinstadt Wreschen gegen die vollständige Germanisierung der Grundschulen: Sie weigerten sich, den Katechismus auf Deutsch zu lernen, und blieben dem Unterricht fern. Der „Wreschener Schulstreik" wurde in ganz Europa beachtet und fand Nachahmer im gesamten preußischen Teilungsgebiet Polens. Die preußische Regierung bestrafte die Eltern hart, wurde dafür aber unter anderem vom Reichstag scharf kritisiert.

Jahrhunderthälfte Französisch im deutsch-polnischen Kulturkontext noch oft eine wichtige Mittlersprache war, änderte sich das etwa ab den 1870er Jahren, als die politisch-kulturelle Fremdherrschaft auf den polnischen Gebieten Wurzeln geschlagen hatte und zu einem festen Bestandteil des Alltags wurde. Viele Polen wuchsen bereits mit der deutschen Sprache auf und besaßen so faktisch doppelte sprachliche und kulturelle Kompetenzen.

Viele studierten auch an deutschen Universitäten, was eine zwangsläufige Konsequenz der historisch-politischen Situation war. Zu den beliebtesten Hochschulen gehörten – u. a. aufgrund der geographischen Nähe, aber auch wegen des guten wissenschaftlichen Rufes – die reformierten preußischen Universitäten in Berlin, Breslau und Bonn, jedoch auch die in Leipzig und München. Die größte polnische Gruppe an deutschen Hochschulen bildeten logischerweise die Studenten aus dem preußischen Gebietsteil. Fakt aber ist, dass die führenden Persönlichkeiten des polnischen geistigen Lebens und der Wissenschaft, und zwar nicht nur aus dem preußischen Teilungsgebiet, länger oder kürzer an einer deutschen Universität studierten, was ihre Bildung und ihr intellektuelles Profil im Wesentlichen geprägt hat. Die Aussage des positivistischen Schriftstellers und Literaturkritikers Aleksander Świętochowski (1849 – 1938), dass die Studienzeit in Deutschland (Leipzig) ihm einen großen geistigen Gewinn gebracht habe, von dem er sein ganzes späteres Leben profitiert habe,[7] kann als repräsentativ für zahlreiche polnische Intellektuelle und Künstler bis 1914 gelten.

7 Zit. nach: Magdalena Micińska, „Inteligencja na rozdrożach 1864–1918", in: Jerzy Jedlicki, Dzieje inteligencji polskiej do roku 1918. Bd. 2, Warszawa 2008, S. 161.

Preußen – Polen und Deutsche erinnern sich

Hans-Jürgen Bömelburg

Kaum ein Begriff hat in Deutschland und Polen so viele Bedeutungswandel erfahren wie Preußen. Chronologisch sind drei Ebenen zu unterscheiden: Erstens wurden als Preußen die baltische Urbevölkerung und ihr Siedlungsraum zwischen Weichsel und Memel (Prussia, Borussia) bezeichnet (heute: „Prußen"), zweitens seit dem Spätmittelalter die Region wie deren multinationale Bevölkerung sowie drittens seit 1701 die durch die Selbstkrönung des Hohenzollern Friedrich III. zum „König in Preußen" entstandene Monarchie, deren Kernregion allerdings Brandenburg mit Berlin bildete. Diese Monarchie wurde im 18. Jahrhundert unter anderem durch die Teilungen Polen-Litauens und Kompensationen für den Verlust von Teilungsgebieten zur europäischen Großmacht. Sie schuf im 19. Jahrhundert einen preußisch-deutschen Staatsverband, der sich trotz einer Existenz von nur 75 Jahren als so prägend erwies, dass auch der heutige deutsche Staat an ihn anknüpft – die Hauptstadt in Berlin und der Parlamentssitz im Reichstagsgebäude sind deutliche Kontinuitäten. Somit dominiert heute die dritte Bedeutung.

Dieser Weg war jedoch keineswegs zwingend, was sich unter anderem daran zeigt, dass der preußische Staat noch zu Beginn des 19. Jahrhunderts zu über 50 Prozent aus ehemals polnischen Territorien bestand, in seinen Grenzen zu ca. 40 Prozent eine polnischsprachige Bevölkerung lebte und selbst Warschau von 1795 bis 1807 zu Preußen gehörte. Vorstellbar war also zeitweise auch eine preußisch-polnische Union, zumal Preußen vor 1800 lange Zeit als „Preußen Königlich Polnischen Anteils" zu Polen gehörte, während die östliche Hälfte, das Herzogtum Preußen (im 19. Jahrhundert „Ostpreußen"), sich zumindest bis 1657 in lockerer Abhängigkeit von Polen befand.

Historisch war Preußen ein Territorium mit einer eigenen, weder deutschen noch polnischen Legitimation, das aus dem Staatsgebiet des Deutschen Ordens hervorging. Die Bevölkerung besaß eine eigene Geschichte sowie ein Territorium zwischen Weichsel und Memel, bildete aber keine dauerhafte Nation aus, sodass Historiker von einer „abgebrochenen Nationsbildung" sprechen. Ende des 17. Jahrhunderts schrieb ein englischer Beobachter: „Die jetzigen Preussen aber sind ein vermischtes volck / welches von unterschiedlichen Schwedischen / Polnischen / Teutschen und anderen colonien entsprungen ist";[8] 1732 charakterisierte August Hermann Lucanus, ein Verwaltungsbeamter, die oft vielsprachige und multikulturelle Bevölkerung so: „Preußen [hat] hat vor anderen Reichen und Staaten dieses voraus [...], dass in einem Lande mittelmäßiger Größe so vielerlei Arten von Menschen beisammen gefunden werden, unter welchen es mancherlei Sprachen und Gewohnheiten gibt."[9] Ein „Preuße" (poln. *prusak*) konnte viele Kulturen verkörpern und auch Polnisch als Muttersprache sprechen.

Dies änderte sich nach der ersten Teilung Polen-Litauens (1772) und der europaweiten Durchsetzung der Bezeichnung „Preußen" für die Hohenzollernmonarchie. Da dieser Staat polnische Menschen diskriminierte und sie zu deutschsprachigen Preußen machen wollte (= Germanisierung), konnten sich Polen nicht mehr als Preußen fühlen: Die Selbstbezeichnung verschwand aus der Gesellschaft. Mehr noch: Die Preußen wurden nach 1848 immer stärker als Feinde Polens wahrgenommen, um

8 Bernard Connor, Beschreibung des Königreichs Polen und Groß-Herzogthums Litthauen. Leipzig 1700, S. 304.

9 Zit. nach Fritz Terveen, Gesamtstaat und Retablissement. Göttingen 1954, S. 76.

1900 waren die *prusaki*, die „Preußenkäfer", eine Bezeichnung für Kakerlaken, so wie die Deutschen Ungeziefer abwertend „Franzoskäfer" nannten. Seit Bismarcks Kanzlerschaft in Preußen waren die deutsch-polnischen Beziehungen zusätzlich belastet, zumal er auf keinen Fall bereit war, auf das Gebiet an der unteren Weichsel zu verzichten, auf das moderne polnische Nationsvorstellungen zunehmend Anspruch erhoben.

Was Preußen war, war deutschen Zeitgenossen zunächst nicht klar: nur der östliche Teil der Monarchie (der bis 1871 kein Teil des Reichs und auch nicht des Deutschen Bundes war), eine Bezeichnung für die „altpreußischen" Territorien vor 1740 oder ein Gesamtbegriff für alle Territorien der Hohenzollern? Letztere Auffassung setzte sich im 19. Jahrhundert durch, wobei die spät hinzugekommenen Rheinländer und Westfalen eine Selbstbezeichnung als Preußen oft vermieden oder – etwa im rheinischen Karneval – ironisierten. Beobachter sprachen deshalb nicht davon, man sei preußisch eingestellt, sondern man sei „fritzisch gesinnt". Der in Frankfurt aufgewachsene Johann Wolfgang von Goethe formulierte rückblickend über die innerdeutschen Konflikte des Siebenjährigen Krieges (1756 – 1763): „Und so war ich denn auch preußisch, oder um richtiger zu reden, Fritzisch gesinnt: denn was ging uns Preußen an? Es war die Persönlichkeit des großen Königs, die auf alle Gemüter wirkte."[10] Friedrich der Große wurde zum Begründer Preußens.

Durch erfolgreiche Kriege und eine Betonung des Militärs wurde Preußen für Deutsche wie Polen immer stärker zu einer Militärmacht, ja zu einem bedrohlichen Symbol des Militarismus. Zugleich identifizierten sich aber auch viele Deutsche, die eine deutsche Weltgeltung forderten, mit einer Politik rücksichtsloser Stärke, preußische Generäle wie Hindenburg wurden zu Heroen.

Nach 1918 fielen Teile Preußens, insbesondere die Region an der unteren Weichsel, an Polen, wo man mit einer „Entpreußung" begann und preußische Heldendenkmäler beseitigte. Im Gegenzug hielten viele Deutsche die preußische Tradition als Ausdruck von Stärke und Macht hoch, die Fridericus-Filme mit Friedrich II. als Führerfigur waren populär. Polen, am besten sichtbar in Stefan Żeromskis Roman *Seewind*, sahen gerade in Preußen einen Feind. Der Nationalsozialismus, insbe-

10 Johann Wolfgang von Goethe, Dichtung und Wahrheit, in: ders., Werke. Hamburger Ausgabe in 14 Bänden. Bd. 9, München 2002, S. 46 – 47.

sondere Propagandaminister Joseph Goebbels, machte sich die Nähe von preußischem Militarismus und deutschen Revanchegelüsten zunutze und inszenierte am „Tag von Potsdam" (1934) die Übergabe der preußischen Traditionen an den Nationalsozialismus. Im Zweiten Weltkrieg griff die nationalsozialistische Durchhaltepropaganda immer wieder auf preußische Vorbilder zurück.

1947 wurde der Staat Preußen als „ein Träger von Militarismus und Reaktion in Deutschland" durch den Beschluss des Alliierten Kontrollrates in Berlin vom 25. Februar aufgelöst. Die deutschen Bundesländer knüpften nicht an preußische Traditionen an, sodass es heute in Deutschland keinen preußischen Patriotismus mehr gibt. Zwar wählte die deutsche Regierung nach der Vereinigung Berlin als Hauptstadt, doch ging dies nicht mit einer Rückbesinnung auf preußische Traditi-

Gelebte Erinnerung: Alljährlich wird in Polen die Schlacht von Tannenberg nachgestellt, bei der 1410 der Deutsche Orden gegen eine vereinte polnische und litauische Armee verlor. Hier einige Ordensritter hoch zu Ross; im Hintergrund das an die Schlacht erinnernde Denkmal

onen einher. Positiver sieht man heute preußische Vorbilder in Kultur und Wissenschaft (etwa die Humboldt'schen Reformen, die Universitätstradition, Potsdam mit Sanssouci). Als im Jahr 2001 Politiker vorschlugen, Brandenburg in Preußen umzubenennen, rief das aber Spott und Unverständnis hervor.

Polen beseitigte nach 1945 alle Zeugnisse preußischer Traditionen, die Region wurde in *Pomorze* (Land am Meer) oder *Warmia i Mazury* (Ermland und Masuren) umbenannt. Erst seit den 1980er Jahren wuchs ein unbefangenerer Umgang mit dem preußischen Erbe, immerhin liegt der größte Teil des ehemaligen Staates Preußen auf polnischem Territorium und das historische Preußenland zwischen Weichsel und Memel gänzlich in Polen, Russland und Litauen. Dennoch begreifen bis heute nur wenige Polen preußische Traditionen positiv.

Eliza Radziwiłł und Wilhelm I. – Eine Liebe in Preußen

Es waren zwei Königskinder,
die hatten einander so lieb,
sie konnten beisammen nicht kommen,
das Wasser war viel zu tief.

Matthias Barełkowski

Denkt man an die Geschichte von Eliza, deutsch Elisa, und Wilhelm, so fallen einem fast unwillkürlich die Zeilen dieses alten Volksliedes ein. Eine Geschichte, die hervorragenden Stoff zur Auflagensteigerung der „Adelsliteratur" bot und dafür auch fleißig genutzt wurde. Tadeusz Nowakowski leitet denn in seinem Buch über die Geschichte der Familie Radziwiłł das entsprechende Kapitel auch mit der süffisanten Bemerkung ein, er fühle sich nach der Lektüre dieser Erzählungen wie Kardinal Pompeo Colonna, der nach dem Verzehr von fünf Kilo Smyrnafeigen 1532 angeblich mit den Worten verschied: „Zu süß!" Dramatisch war es aber auch, und das Drama ging so:

Elisa wurde als fünftes von acht Kindern des Fürsten Antoni Radziwiłł und seiner Gemahlin Luise Friederike von Preußen, einer Nichte Friedrichs des Großen, 1803 geboren. Sie wuchs im Palais Radziwiłł in der Berliner Wilhelmstraße auf, erhielt eine Stand und Geschlecht entsprechende Ausbildung und galt als musikalisch und zeichnerisch begabt. Elisa und der fünf Jahre ältere Prinz Wilhelm kannten einander seit der Kindheit, denn die Eltern Elisas verkehrten oft im Kronprinzenpalais. Auf dem Hofball des Jahres 1815 – Wilhelm war 18 und Elisa 12 Jahre alt – tanzten sie erstmals miteinander und verliebten sich. Der Prinz bewies also Geschmack, denn Elisa wurde von vielen als die schönste Dame am preußischen Hof beschrieben.

Politisch wurde es erst, als die beiden an Heirat dachten, denn ein Kronprinz durfte schließlich nur vom Hof „zertifizierte" Damen heiraten. Das Schlüsselwort lautete „Ebenbürtigkeit". Elisas Eltern und Friedrich Wilhelm III. bestellten hierzu zahlreiche Gutachten, welche die Ebenbürtigkeit durch die Verwandtschaft der Familie Radziwiłł mit

Prinzessin Elisa Radziwiłł. Miniatur von August Grahl, 1825.

Wilhelm I. als „Prinz Wilhelm von Preußen". Lithografie um 1835.

verschiedenen regierenden Häusern beweisen sollten. Gegengutachten argumentierten, dass die Radziwiłłs, die in Polen zum führenden Adel zählten und über großen Grundbesitz verfügten, seit 1515 zwar deutsche Reichsfürsten waren, aber eben nicht zum deutschen Hochadel zählten, sondern nur als landsässige Fürsten zu betrachten seien. Viel Papier wurde angehäuft – einige Gutachten sollen über 100 Seiten stark gewesen sein –, die Pattsituation konnte so jedoch nicht überwunden werden. König Friedrich Wilhelm III., der den Heiratsplänen zunächst zugetan war, verfiel deshalb auf die seltsame Idee, Elisa adoptieren zu lassen. Der deswegen 1824 angefragte Zar Alexander I. lehnte jedoch aus innenpolitischen Gründen ab. Der zweite Adoptionsplan durch Elisas Onkel, Prinz August von Preußen, misslang ebenfalls, denn die zuständige Kommission befand, dass Adoption „das Blut nicht verändere". Anderen Quellen zufolge hatte die geplante Heirat obendrein mächtige Feinde im Adel, darunter den Weimarer „Goethe-Herzog" Carl August

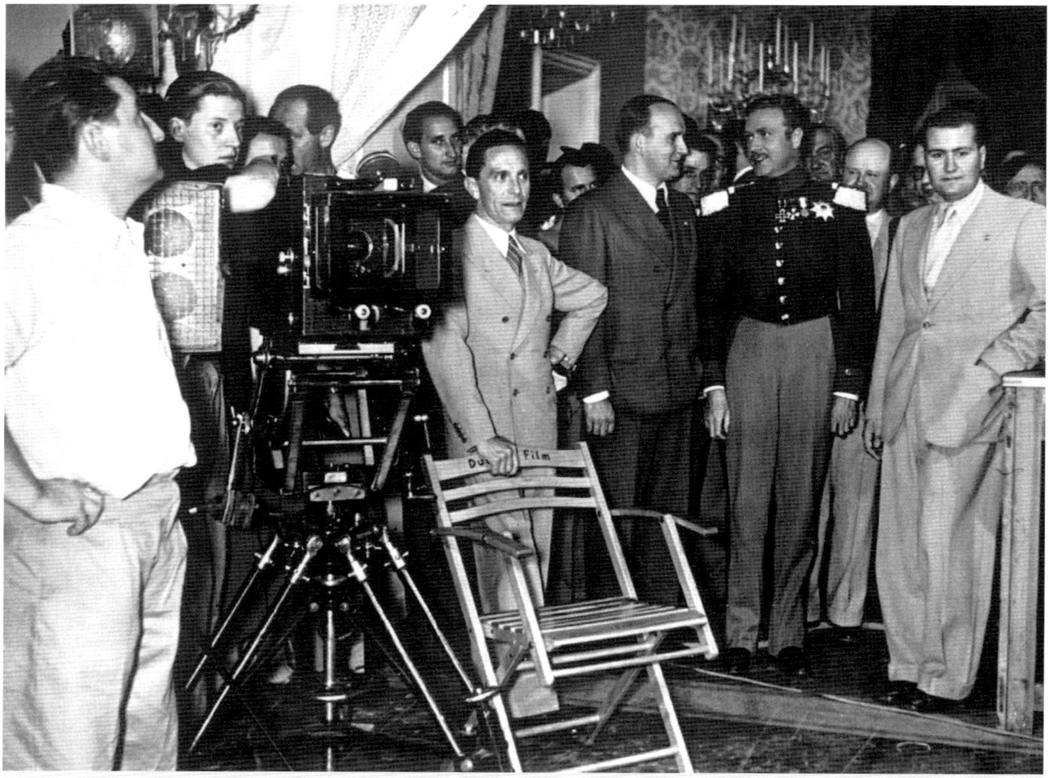

Dreharbeiten des UFA-Films „Preußische Liebesgeschichte" in Babelsberg (1938). Filme wie dieser waren Herzensprojekte von Reichspropagandaminister Joseph Goebbels, zumal er sich bei den Dreharbeiten in die tschechische Schauspielerin Lída Baarová (in der Rolle der Elisa Radziwiłł) verliebte. Nachdem er die Beziehung zu der slawischen Schönheit auf Druck Hitlers hatte aufgeben müssen, durfte dieser Film nicht in den Kinos anlaufen und kam erst 1950 auf die Leinwand. Von links nach rechts: Joseph Goebbels, Karl Hanke, Willy Fritsch und Vittorio Mussolini, der Sohn Benito Mussolinis.

und die einflussreiche Mecklenburger Verwandtschaft Königin Luises, die einer Verbindung zwischen einem preußischen Prinzen und einer polnischstämmigen Prinzessin grundsätzlich kritisch gegenüberstanden.

Schließlich sah sich der König im Juni 1826 genötigt, von Prinz Wilhelm den Verzicht auf die Heirat zu fordern. Wilhelm gehorchte. Vielleicht aus Staatsräson, vielleicht hatte er auch schlicht das unwürdige

Gezerre satt. Bei Elisa schien – ganz der Melodramatik der Geschichte entsprechend – angesichts dieser Entwicklung schon früher Todessehnsucht hinzugekommen zu sein. Im Januar 1826 schrieb sie anlässlich eines Treffens mit Wilhelm in Posen an ihre engste Freundin Lulu von Stosch:

„Vor der Tür nahm er noch einmal Abschied und stieg dann ein [...]. Ich hatte meinen schwarzen Pelzmantel nur flüchtig über mein dünnes schwarzes Oberkleid geworfen und war in dünnen Atlasschuhen, so daß die rauhe Luft mich ordentlich eisig anpackte und rüttelte. Wie, dachte ich, wenn sie dir den Tod brächte? Indem fuhr Wilhelms Wagen fort und rollte durch das Tor. Mein Herz wurde weit, und ich rief ihm, innerlich aufgeregt, heimlich zu: ‚Nimm mein Leben!'"[11]

Während Wilhelm 1829 standesgemäß die Weimarer Prinzessin Augusta heiratete und es, wie bekannt, noch zum deutschen Kaiser brachte, hatte Elisa weiterhin Pech. Zwar verlobte sie sich wenig später mit dem Fürsten Friedrich von Schwarzenberg, die Verlobung wurde jedoch bald wieder aufgelöst.

Um 1831 wurde Elisa, wie so viele aus ihrer Familie, tuberkulosekrank und starb 1834 während einer Kur standesgemäß an der „Schwindsucht". Ihr Sarg wurde 1838 von Posen zum Familiensitz in Antonin überführt und im neuerbauten Radziwiłł-Mausoleum aufgebahrt.

Kaiser Wilhelm I. vergaß sie angeblich nie und soll bis zum Ende seines langen Lebens eine Porträtminiatur von ihr auf seinem Schreibtisch gehabt haben.

So war der Stoff geschaffen, der alle süßen Ingredienzien für ein Kinosäle füllendes Liebesdrama enthielt. Dies mussten auch die NS-Propagandisten um Joseph Goebbels erkannt haben, denn im Zuge der scheinbaren deutsch-polnischen Annäherung nach 1934 wurde die Romanze unter dem Titel *Preußische Liebesgeschichte* 1938 mit zahlreichen UFA-Stars verfilmt. Die Rolle der Elisa spielte die tschechische Schauspielerin Lída Baarová, die nebenberuflich als „unebenbürtige" Geliebte von Goebbels für einigen politischen Wirbel sorgte, was schließlich dazu führte, dass der fertige Film nicht in die Kinos kam. Erst 1950 war es so weit – der Film lief unter dem Titel *Liebeslegende* in den westdeutschen Lichtspielhäusern. Bewertung: „Zu süß ...!"

11 Elisa Radziwill. Ein Leben in Liebe und Leid. Unveröffentlichte Briefe der Jahre 1820 – 1834, hrsg. von Dr. Bruno Hennig. Berlin ³1922, S. 148.

Polen und Deutschland im Zeitalter der Weltkriege

Ende und Anfang: Der Erste Weltkrieg

Peter Oliver Loew

Als im Sommer 1914 der Erste Weltkrieg ausbrach, konnte sich niemand vorstellen, wie der Kontinent vier Jahre später aussehen würde, nach unermesslichen Zerstörungen und Millionen von Kriegstoten: Alle drei Teilungsmächte Polens – das Deutsche Reich, Österreich-Ungarn und das Russländische Reich – hatten den Krieg verloren, Polens Wiedergeburt nach 123 Jahren Unfreiheit stand nichts mehr im Wege. Der Weg dorthin war jedoch alles andere als geradlinig. Das wilhelminische Reich hatte – ähnlich wie Russland – die polnische Bevölkerung in den vorausgegangenen Jahrzehnten politisch immer stärker drangsaliert. Germanisierungspolitik lautete das Schlagwort, nationale Überheblichkeit gegenüber den Nachbarn – und Mitbewohnern – im Osten war an der Tagesordnung. Für die Kriegserfahrungen war das prägend: Während deutsche Soldaten und Offiziere mit Entsetzen in ärmliche Dörfer und Kleinstädte in Russisch-Polen einmarschierten, über geschlossene jüdische Lebenswelten, arme polnische Subsistenzwirtschaft und manch stattliche Adelsresidenz staunten und die deutsche Armeeführung nichts dabei fand, gleich nach Kriegsbeginn die Stadt Kalisch in Grund und Boden zu schießen, zogen Hunderttausende polnischsprachiger Bürger des Reichs für den Berliner Kaiser in den Krieg, 110 000 ließen das Leben.

Bis Ende 1915 hatten Deutschland und Österreich-Ungarn das russische Teilungsgebiet Polens besetzt, aber was mit dem Gebiet tun? Manche deutsche Politiker wie Friedrich Naumann und einige hohe Militärs hegten imperiale Phantasien, wollten „Mitteleuropa" nach deutschen Vorstellungen neu ordnen, ja gar die polnische Bevölkerung aus einem breiten Grenzstreifen nach Osten abschieben und dafür Deutsche ansiedeln. Entsprechend „von oben herab" trat man den polnischen Eliten gegenüber. Die verlustreichen Stellungskämpfe an den vielen Kriegsfronten ließen jedoch zunächst eine andere Option Oberhand gewinnen: Auch um potentiell Zugriff auf neue polnische Rekruten außerhalb der Reichsgrenzen zu erhalten, riefen die Kaiser in Wien und Berlin am 5. November 1916 ein „Königreich Polen" aus, ohne jedoch dessen Grenzen und Einflussbereiche genau zu definieren. Als kurz darauf US-Präsident Wilson eine europäische Nachkriegsordnung mit einem unabhängigen Polen verlangte, schien eine Wiedergründung des Staates näher zu rücken.

Für einen unabhängigen Staat traten auch die Polnischen Legionen ein: In den Jahren vor dem Krieg vom sozialistischen Politiker Józef Piłsudski in Galizien gegründet, kämpften sie zeitweise auf Seiten der Mittelmächte gegen Russland, doch war Piłsudski nicht bereit, sie in die Heere Deutschlands und Österreich-Ungarns zu integrieren, verweigerte mit seinen Getreuen den Eid und wurde Mitte 1917 interniert, um bis Kriegsende in der Festung Magdeburg festgesetzt zu werden. Derweil brachen die Fronten des revolutionären Russlands zusammen, und das deutsch beherrschte Gebiet dehnte sich bis Frühjahr 1918 bis tief in die Ukraine aus. Gleichzeitig aber verschlechterte sich die Versorgungslage nicht nur in Deutschland, sondern auch in den besetzten polnischen Gebieten. Hier machten Zwangsabgaben, die rücksichtslose Ausbeutung von Ressourcen und die teils recht rabiate Anwerbung von Arbeitskräften für das Reich der Bevölkerung zu schaffen.

Der Kampf um die Grenzen, 1918 bis 1921

Das erschöpfte, von Aufruhr erschütterte deutsche Kaiserreich streckte im November 1918 die Waffen. Da auch das Habsburgerreich zerbrach und das revolutionäre Russland zunächst mit sich selbst beschäftigt war, stand der Gründung eines unabhängigen polnischen Staates nichts mehr im Wege: Der deutsche Generalstab erhoffte sich vom Sozialisten Piłsudski eine für Deutschland positivere Entwicklung und ließ ihn in den ersten Novembertagen nach Warschau reisen, wo er den traditionell antideutschen Nationaldemokraten unter Roman Dmowski Paroli bieten sollte. Denn der Einsatz war hoch: Noch war unklar, was mit all denjenigen Gebieten des Reichs geschehen würde, die entweder historisch zu Polen gehört hatten (Posen, Westpreußen) oder von polnischsprachigen Menschen bewohnt wurden (das südliche Ostpreußen, ein Großteil Oberschlesiens). Während

Deutschland bereit war, allenfalls einen Teil der Provinz Posen an ein künftiges Polen abzutreten, verlangte Polen als Maximalforderung alle historisch und ethnisch polnischen Gebiete, einschließlich der zu mehr als 90 Prozent deutschsprachigen Stadt Danzig. Auseinandersetzungen waren abzusehen.

Schon kurz nach Weihnachten 1918 begann es: In Posen, der größten „polnischen" Stadt Preußens, hatte sich in den Wochen zuvor eine zunehmend konfliktträchtige Stimmung zwischen den teils noch deutsch dominierten Behörden und dem Militär sowie polnischen Politikern und Freiwilligenverbänden entwickelt. Als nun der weltberühmte Pianist und Exilpolitiker Ignacy Jan Paderewski in die Stadt kam, brach für alle Beteiligten recht unerwartet ein Aufstand aus. Innerhalb weniger Wochen gelang es den Polen, einen Großteil der Provinz Posen zu erobern, wobei als Ziel ausgegeben wurde, für eine bevorstehende Friedenskonferenz vollendete Tatsachen zu schaffen. Bereits für die Kämpfe um Posen wurden von deutscher Seite Grenzschutzverbände und Freikorps gebildet, die – teils nur lose einer zentralen Führung unterstehend – auch in den kommenden Jahren versuchten, für die deutsche Sache im Osten (Baltikum, Oberschlesien) zu kämpfen, und die zum Nährboden für völkische, rechtskonservative Kräfte in der Weimarer Republik wurden.

Die Pariser Friedenskonferenz hatte keine einfache Aufgabe: Wie Grenzen ziehen zwischen Deutschen und Polen, die sich in der Geschichte so vermischt hatten, wo es – durch Wanderungen oder Assimilationsprozesse – überall Mehrheiten und Minderheiten und sich überlagernde historische Ansprüche gab? Und wie die politischen Interessen der Mächte miteinander vereinen, wo Frankreich klar auf Seiten Polens stand, Großbritannien jedoch bemüht war, das geschlagene Deutschland nicht über Gebühr zu schwächen, und die USA mit alledem am liebsten gar nichts mehr zu tun haben wollten? Der Vertrag von Versailles war schließlich ein Papier mit vielen Kompromissen, auch wenn die deutsche Öffentlichkeit ihn mit fassungsloser Bestürzung und die Polen mit kaum verhohlener Enttäuschung aufnahmen: Große Teile der Provinzen Posen und Westpreußen fielen an Polen, während Danzig mitsamt seinem Umland zur „Freien Stadt" erklärt wurde, um Polens unbestrittenes Recht auf „freien Zugang zum Meer" und den ethnisch-sprachlichen Charakter der Stadt gleichermaßen zu berücksichtigen. Bei Oberschlesien und dem südlichen Ostpreußen wusste man sich aber nur mit Volksabstimmungen zu behelfen, zu unklar war die Gemengelage. Wobei die Sache in Ermland und Masuren eigentlich vorentschieden schien: Zwar zeigten hier selbst die nicht unbedingt zuverlässigen preußischen Volkszählungen polnischsprachige Bevölkerungsmehrheiten, doch war der Anteil Polnischsprachiger seit Jahrzehnten deutlich am Sinken – Folge von Modernisierungs- und forcierten Germanisierungsprozessen – und bei den protestantischen Masuren war davon auszugehen, dass sie mit der polnisch-katholischen Nationalbewegung nicht viel anzufangen wussten. Tatsächlich stimmten am 11. Juni 1920 97,8 Prozent der abstimmungsberechtigten Bevölkerung in den ost- und westpreußischen Plebiszitgebieten für den Verbleib bei Deutschland, die katholischen Kreise (Ermland) mit eingeschlossen.

Anders verhielt sich die Lage in Oberschlesien: Hier lebte eine altansässige katholische Landbevölkerung, die einen polnischen Dialekt sprach und teilweise auch die Zechensiedlungen des oberschlesischen Industriegebiets prägte, während die Stadtbevölkerungen ebenso wie die ländliche Führungsschicht traditionell deutschsprachig waren – und sozialer Aufstieg den Übergang zur deutschen Sprache erfordert hatte. Polnischsprachige Oberschlesier taten sich oft schwer, sich eindeutig für eine der beiden Seiten auszusprechen, blieben national häufig „indifferent“. Im Gegensatz zum kargen Masuren war Oberschlesien mit seinen reichen Bodenschätzen (Steinkohle, Eisenerz, Zink) und der Schwerindustrie ein wirtschaftlich sehr attraktives Gebiet. Auch hier wurde eine Volksabstimmung angesetzt. Die besseren Karten schien die deutsche Seite zu haben, die nach wie vor die Behörden und Industriebetriebe kontrollierte – wogegen sich zwei polnische Aufstände richteten (September 1919, August 1920). Die Abstimmung selbst erbrachte im März 1921 ein ambivalentes Ergebnis: Mehrheiten für Deutschland gab es in den meisten Städten und links der Oder, während für Polen auf dem Land, in den Bergbaugemeinden und rechts der Oder gestimmt wurde. Nach einem blutigen dritten Aufstand im Mai 1922, einem veritablen Bürgerkrieg mit etwa 4000 Toten, wurde die Provinz schließlich geteilt: Polen erhielt das kleinere Gebiet, jedoch einen Großteil des Industriebezirks. Bis 1937 sorgte ein eigens ausgehandeltes Oberschlesienstatut für ein pragmatisches Miteinander im zerrissenen Industriegebiet mit seinen starken Minderheiten. Die Grenzziehungen im Osten führten zu großen Wanderungsbewegungen: Rund 700 000 innerhalb der neuen oder künftigen Staatsgrenzen Polens lebende Deutsche wanderten nach Deutschland aus, viele zehntausend Polen – Angehörige der kaiserzeitlichen Arbeitsmigration – zogen aus den Industriegebieten in den neuen polnischen Staat, auch Angehörige der polnischen Führungsschichten in den bei Deutschland verbliebenen Grenzgebieten.

Schwierige Nachbarschaft

Die Grenzkonflikte belasteten die deutsch-polnischen Beziehungen in der gesamten Zwischenkriegszeit. Während Polen bemüht war, seinen territorialen Besitzstand zu sichern, kam für die Weimarer Republik eine Grenzgarantie („Ostlocarno") nicht in Frage und sie versuchte, die Grenzfrage im Osten offenzuhalten. Der deutschen Außenpolitik war dazu unter Amtschefs wie Gustav Stresemann kaum ein Mittel zu schade. Mit gezielt eingesetzter Propaganda, aber auch politisch instrumentalisierter Wissenschaft („Ostforschung") versuchte man, polnische Feindbilder am Leben zu erhalten, die eigene Bevölkerung wie auch die Weltöffentlichkeit auf „Deutschlands blutende Grenzen" im Osten hinzuweisen und von der Notwendigkeit einer „Grenzrevision" zu überzeugen. Insgeheim wurden neben der Freien Stadt Danzig auch die Organisationen der staatlich anerkannten deutschen Minderheit in Polen (etwa 700 000 Menschen) subventioniert – was in Polen die Angst vor einer „fünften Kolonne" entstehen ließ. Auch die heimliche militärische Zusammenarbeit Deutschlands mit der jungen Sowjetunion ließ in Warschau Befürchtungen vor einer möglichen neuen, vierten Teilung des Landes entstehen. Kein Wunder, dass auch Polen versuchte, in Außen- wie Innenpolitik Deutschland Paroli zu bieten und die deutsche Geschichte oft als eine Geschichte deutscher Aggressionen gegen Polen, als immerwährenden „Drang nach Osten" darzustellen; auch die polnische Minderheit in Deutschland spielte dabei eine Rolle (etwa 1,5 Mio. Menschen mit langsam sinkender Tendenz). Als die Weimarer Republik 1925 einen Zollkrieg vom Zaun brach, um den polnischen Export und damit die Stabilität des Staates zu untergraben, verschärfte sich die Lage weiter.

Die aus dieser Situation entstehenden Bedrohungsgefühle prägten das deutsch-polnische Mit- oder vielmehr Gegeneinander in der Zwischen-

Szene von der deutsch-polnischen Grenze 1933: In Deutschland verhaftete polnische Arbeitssuchende sollen nach Polen abgeschoben werden, doch die polnische Seite möchte sie nicht einreisen lassen. Wirtschaftskrise und Massenarbeitslosigkeit hatten eine Verschärfung der deutsch-polnischen Beziehungen zur Folge; erst ab Mitte der 1930er Jahre durften landwirtschaftliche Saisonarbeiter wieder ins Reich einreisen.

kriegszeit maßgeblich. Die ineinander verkeilten Politiken und Nationalismen ließen die politischen Beziehungen zwischen Deutschland und Polen zu einem Gebiet werden, in dem jeder den anderen sehr aufmerksam beäugte, peinlichst auf die Wahrung von Besitzstand und vertraglich garantierten Vorrechten bedacht war und jede kleinste Schwäche des anderen für sich auszunutzen versuchte, oft auch auf internationaler Ebene, vor dem Völkerbund. Eine Verständigung scheiterte angesichts der zahlreichen

Konfliktfelder viele Jahre lang, trotz einer Reihe internationaler Initiativen und dem Engagement einzelner Akteure, die den deutsch-polnischen Antagonismus zu durchbrechen suchten. Vielmehr schaukelten sich die Konflikte immer wieder zu neuen Eskalationsstufen hoch – zumindest bis 1933.

Plötzliche Annäherung? Das „Dritte Reich" und Polen

Nach der nationalsozialistischen Machtübernahme am 30. Januar 1933 schien ein deutsch-polnischer Konflikt vorprogrammiert, zu eindeutig antipolnisch hatten sich führende Nazis bis dahin geäußert. Polens Staatslenker Józef Piłsudski erwog sogar einen Präventivkrieg gegen das Reich. Doch Adolf Hitler sendete bereits Anfang Mai 1933 Verständigungssignale nach

Seit dem Abschluss des deutsch-polnischen Nichtangriffspakts Anfang 1934 setzten beide Seiten auf zumindest symbolische Annäherung. Alljährlich ließ sich etwa Hermann Göring vom polnischen Staatspräsidenten zur Staatsjagd in die Urwälder von Białowieża einladen. Hier ein Schnappschuss vom Februar 1938.

Warschau und war nach Deutschlands Austritt aus dem Völkerbund schließlich bereit, eine Nichtangriffserklärung mit Polen zu unterzeichnen. Deren Abschluss am 26. Januar 1934 verblüffte die Öffentlichkeit in Deutschland, Polen und ganz Europa.

Auf dem Papier sahen die Verständigungsschritte der nächsten Jahre imponierend aus: Die Handelsbeziehungen wurden vertraglich normalisiert, die restriktive Minderheitenpolitik gelockert, die Propaganda in Deutschland, wo der Staat direkten Zugriff auf die Massenmedien besaß, weitgehend eingestellt, während in Polen die antideutschen Meinungsäußerungen zumindest gemäßigt wurden, trotz Widerstands gerade bei linken und jüdischen Kreisen. Es gab gegenseitige Staatsbesuche, Hermann Göring fuhr bis 1939 jedes Jahr zur winterlichen Jagd ins Nachbarland, es wurden gemeinsame Spielfilme gedreht, Schulbuchgespräche geführt und Sportwettkämpfe veranstaltet, nicht zuletzt eine Reihe von Fußball-Länderspielen, das erste schon im Dezember 1933.

Eine besondere Rolle spielte in diesen Jahren die Kultur. Nach dem Ersten Weltkrieg hatte sich die zuvor sehr intensive Verflechtung des deutschen und des polnischen Kulturlebens schlagartig reduziert: Polen waren nicht mehr darauf angewiesen, in Deutschland zu studieren oder Karriere zu machen, und Deutsche hatten sich noch nie in größerer Zahl für Polen interessiert. Sehr gut demonstriert dies der Besuch Thomas Manns in Warschau 1927: Eingeladen als Versuch, den Kulturaustausch zu verbessern, hatte der berühmte Schriftsteller sichtlich keinerlei Ahnung von Polen und stieß seine Autorenkollegen ausgerechnet mit einem Vortrag über die Beziehungen zwischen deutscher und *russischer* Literatur vor den Kopf. Nun aber, ab 1934, sollte das anders werden: Vor allem zwei polnische Leinwandstars wurden für wenige Jahre zu Markenzeichen der deutschen Filmindustrie – die nicht mehr ganz junge Diva Pola Negri und der Tenor Jan Kiepura. Mit Erfolgsstreifen wie *Mein Herz ruft nach dir* oder *Ich liebe alle Frauen* sang er sich in die Herzen der deutschen Männer und – vor allem – Frauen. Dass seine Mutter aus einer jüdischen Familie stammte, war zunächst weniger wichtig als sein Beitrag zur Verschleierung der nationalsozialistischen Politik.

Bis heute wird die fünf Jahre währende Phase deutsch-polnischer Annäherung kontrovers diskutiert. Adolf Hitler persönlich war als Österreicher offensichtlich nicht vom antipolnischen Ressentiment vieler Deutschnati-

Auch Fußball-Länderspiele zählten zu den offiziell erwünschten Demonstrationen deutsch-polnischer Annäherung. Mehrmals standen sich die Nationalmannschaften gegenüber, hier in einem Freundschaftsspiel am 18. September 1938 in Chemnitz. Das Spiel endete 4 : 1 für Deutschland.

onaler und auch Nationalsozialisten erfüllt; in *Mein Kampf* finden sich nur wenige gegen Polen gerichtete Bemerkungen. Für Józef Piłsudski, der bis zu seinem Tod 1935 die polnische Politik lenkte, hatte er sogar Bewunderung übrig. Jedenfalls brachte Hitler die antipolnischen Tendenzen in Teilen der NS-Führung rasch zum Verstummen, obwohl sie vor Ort, gerade in Oberschlesien, nach wie vor weiterlebten. Die deutsche – und internationale – Öffentlichkeit wertete die Annäherung als Versuch Hitlers, sich für einige Zeit an der Ostgrenze des Reichs Ruhe zu verschaffen, um den inneren Aufbau des „Dritten Reichs" voranzubringen, auch gelang es NS-Deutschland so, seine außenpolitische Isolierung zu durchbrechen. Es gibt jedoch auch viele Indizien dafür, dass Hitler auf eine längerfristige strategische Zusammenarbeit mit Polen setzte: Das ebenfalls strikt antisowjetisch und zunehmend autoritär geführte Land, in dem außerdem antisemitische Tendenzen salonfähig geworden waren, wollte er als „Juniorpartner" für einen künftigen Konflikt gegen die Sowjetunion gewinnen.

Für Polen stand das Bemühen im Mittelpunkt, das außenpolitische Gleichgewicht zwischen Deutschland und der Sowjetunion zu stabilisieren und seine Position in Ostmitteleuropa zu stärken, zumal es an der Zuverlässigkeit seines traditionellen Bündnispartners Frankreich zweifelte. Die Aussicht auf eine Verbesserung der wirtschaftlichen Kontakte war angesichts der schwierigen Wirtschaftslage ebenfalls bedeutsam. Negativ schlug zu Buche, dass Polen bei den Demokratien des Westens durch das Nichtangriffsabkommen an Glaubwürdigkeit verlor. Als es im Herbst 1938 schließlich noch das Münchener Abkommen nutzte, um das Olsa-Gebiet von der Tschechoslowakei zu annektieren, schien Polen für den Westen vollends verloren zu sein.

Aber wie rasch wendeten sich die Dinge! Am 24. Oktober 1938 – nur wenige Wochen nach „München" – schlug der neue Reichsaußenminister von Ribbentrop dem polnischen Botschafter in Berlin eine „Generalbereinigung" der deutsch-polnischen Beziehungen vor: Die Freie Stadt Danzig sollte zum Reich zurückkehren, durch den „Korridor" eine exterritoriale Autobahn gebaut werden und Polen sollte dem Antikominternpakt beitreten. Doch trotz mehrerer Anläufe der NS-Führung war die polnische Regierung dazu nicht bereit: Sie befürchtete die Vasallisierung Polens und wusste einen Großteil der eigenen Bevölkerung hinter sich. Die deutsche Besetzung der „Resttschechei" und des Memellandes im März zeigte schließlich, dass sie rich-

Adolf Hitler hatte Respekt vor dem autoritären Staatslenker Polens, Marschall Józef Piłsudski. Der einstige Sozialist hatte maßgeblich zum Wiederentstehen Polens 1918 beigetragen und 1926 die demokratische Ordnung durch einen Putsch geschwächt. Sein Tod im Mai 1935 war ein herber Verlust für Polen. Am Trauergottesdienst in der Berliner Hedwig-Kathedrale nahm Hitler persönlich teil.

tig lag: Deutschland war ganz offensichtlich nicht bereit, seine Nachbarn als gleichberechtigte Partner zu behandeln. Daraufhin kündigte Berlin den Nichtangriffspakt auf; Hitler und die militärische Führung begannen mit der Vorbereitung eines Angriffskriegs gegen Polen. Eine beispiellose propagandistische Aufrüstung flankierte dies: Die Zeitungen schrien vermeintliche Gräueltaten der Polen an der deutschen Minderheit in die Welt, es kam zu inszenierten Grenzzwischenfällen, in die eigentlich entmilitarisierte Freie Stadt Danzig wurden heimlich starke deutsche Einheiten verlegt. Auch in Polen brach sich antideutsche Hysterie Bahn. Der Hitler-Stalin-Pakt (bzw. Ribbentrop-Molotow-Pakt) am 23. August schockierte das Land und ließ einen Zweifrontenkrieg in den Bereich des Möglichen rücken, ein geheimes Zusatzprotokoll regelte die jeweiligen Interessenzonen in Polen.

Krieg, Zerstörung, Vernichtung

Der Zweite Weltkrieg begann im Morgengrauen des 1. Septembers mit der Beschießung des polnischen Munitionsdurchgangslagers auf der Danziger Westerplatte und der brutalen Bombardierung des militärisch völlig unbedeutenden großpolnischen Städtchens Wieluń. Es folgten fünfeinhalb Jahre Krieg, Terror, Mord und Zerstörung – das schrecklichste Kapitel deutsch-polnischer Beziehungen. Der „Septemberfeldzug" dauerte 36 Tage, ein „Blitzkrieg" sondergleichen, am 17. September marschierte außerdem die Rote Armee von Osten her nach Polen ein und besetzte den Osten des Landes. Am 27. September fiel Warschau, am 6. Oktober kapitulierten die letzten polnischen Verbände: Knapp 15 000 tote deutsche und 66 000 tote polnische Soldaten, Hunderttausende Verwundete, Tausende ermordeter Zivilisten waren die Bilanz. Hunderttausende deutscher Soldaten und Zivilisten sollten in den kommenden Jahren Besatzungserfahrungen im zerschlagenen Polen machen.

Für einen polnischen Staat, ja eine polnische Nation gab es nun in den Vorstellungen der NS-Führung keinen Platz mehr. Große Teile des Staates wurden an das Reich angeschlossen: das „Wartheland" mitsamt der Großstadt Lodz, außerdem Westpreußen, Ostoberschlesien und weitere Gebiete mit insgesamt rund zehn Millionen Einwohnern, davon 88 Prozent christlichen und 6 Prozent jüdischen Polen. Aus dem Rest des deutsch besetzten

September 1939: Sieben Tage hatte sich die Besatzung des polnischen Munitionsdurchgangslagers auf der Danziger Westerplatte gegen die deutsche Übermacht gewehrt. Über den zerstörten Befestigungsanlagen weht die Hakenkreuzfahne der Wehrmacht.

Polens wurde das „Generalgouvernement" gebildet, zu dessen Hauptstadt Krakau wurde, ein von 11,5 Millionen (nach der Angliederung Galiziens 1941 17,5 Mio.) Menschen bevölkertes Gebiet, von denen im Laufe des Kriegs etwa eine Million als Zwangsarbeiter nach Deutschland geschickt wurden, während die etwa zwei Millionen hier lebenden Juden ermordet wurden.

Bereits in den ersten Kriegstagen verübten die Wehrmacht, vor allem aber die hinter der Front agierenden Sondereinsatzkommandos unvorstellbare Verbrechen an der polnischen Zivilbevölkerung: Zehntausende Angehörige der polnischen Intelligenz wurden im Herbst 1939 erschossen. Hitler selbst sprach bereits Mitte Oktober von einem „harten Volkstumskampf", um „das alte und neue Reichsgebiet zu säubern von Juden, Polacken und

Gesindel".[12] Ziel war eine rasche Germanisierung des Landes, zu der außerdem eine große Zahl volksdeutscher Umsiedler vor allem aus dem Baltikum beitragen sollte. Zu diesem Zweck wurden seit Dezember 1939 etwa 780 000 Einwohner der ans Reich angegliederten Gebiete aus ihren Häusern und Städten vertrieben – zum Teil ins Generalgouvernement –, polnische Schulen geschlossen, polnische Gottesdienste verboten, der Gebrauch der polnischen Sprache teils untersagt, polnische Ortsnamen „eingedeutscht". Der Germanisierung diente auch die Einführung der „Deutschen Volksliste", zu deren Unterzeichnung in einigen Regionen Polen gezwungen wurden, um zumindest formal die neuen Reichsgaue „deutsch" werden zu lassen. Bei Kriegsende waren so etwa 2,9 Millionen ehemalige polnische Staatsbürger zu Deutschen – meist zweiter Klasse – geworden.

Das Ausmaß der während des Kriegs von Deutschen in Polen verübten Verbrechen ist dermaßen unvorstellbar, dass dies in einem Überblicksartikel wie diesem zwangsläufig nur in groben Zügen dargestellt werden kann. Aber auch die vielen alltäglichen Berührungen von Polen und Deutschen in diesem Krieg können kaum zur Sprache kommen: Nie zuvor und nie danach in der Geschichte deutsch-polnischer Nachbarschaft gab es so viele Kontakte und Begegnungen, zwar in der Regel nicht auf Augenhöhe, jedoch endeten sie keineswegs immer und unweigerlich mit Mord und Totschlag, sondern es gab sogar in diesen unmenschlichen Zeiten auch Freundschaft, Hilfe und Rettung.

Der rasch installierte Terror- und Unterdrückungsapparat (SS, Gestapo, Sondereinsatzgruppen) agierte brutal: So wurde die polnische Intelligenz verfolgt, zu Teilen verhaftet, in Konzentrationslager eingewiesen, ermordet. Besonderes Aufsehen erregte die hinterhältige Verhaftung von 183 Krakauer Professoren im November 1939; erst nach einem Aufschrei der Weltöffentlichkeit wurden die noch lebenden aus dem Konzentrationslager freigelassen. Mit dem Erstarken der polnischen Widerstandsbewegung setzten sich die deutschen Besatzer immer brutaler zur Wehr: Geiselerschießungen, willkürliche Festnahmen und Deportationen waren bald an der Tagesordnung: In den deutschen KZ gehörten Polen zu den größten Häftlingsgruppen. Die „völkische Flurbereinigung", wie sie der von der SS ausgearbeitete, ebenso irreale wie irrsinnige „Generalplan Ost" vorsah, wurde dennoch nur ansatzweise umgesetzt, etwa 1943 in der Gegend von Zamość im General-

12 Hitlers Zitat nach Aufzeichnungen von Wilhelm Keitel, dem Chef des Oberkommandos der Wehrmacht, zit. nach Martin Broszat, Nationalsozialistische Polenpolitik 1939 – 1945. Frankfurt am Main/Hamburg 1965, S. 25.

Erschießungen sind während der Kriegsjahre an der Tagesordnung. Hier: Exekution von fünf polnischen Frauen durch die deutsche Polizei im Generalgouvernement, etwa 1943.

gouvernement, von wo die polnische Bevölkerung vertrieben wurde, um Platz für volksdeutsche Umsiedler zu machen. Viele Polen wurden außerdem gewaltsam zur Arbeit ins Reich verschleppt, insgesamt knapp drei Millionen polnische Staatsbürger waren während des Kriegs Zwangsarbeiter.

Das schlimmste Schicksal ereilte die polnischen Juden: Gleich nach der Besetzung Polens entrechtet, wurden sie schon bald in eigene Wohnbezirke („Ghettos") gepfercht, deren größte sich in Lodz (von den Nazis in Litzmannstadt umbenannt) und Warschau befanden. Alleine in diesen beiden Ghettos lebten rund 600 000 Menschen, zu denen teils auch deportierte deutsche Juden stießen. Die Lebensbedingungen wurden immer schwieriger, die Überlebenschancen immer geringer, nur die wenigsten schafften es, auf der „arischen Seite" Zuflucht zu finden. Im Herbst 1941 begann der Mord an den polnischen Juden durch Massenerschießungen und die Vergasung in den Vernichtungslagern. Auschwitz-Birkenau, Majdanek, Treblinka, Chełmno/Kulmhof, Sobibór und Bełżec wurden zu Symbolen des Grauens. Der Holocaust auf polnischem Boden – über den Gertrud Pickhan in diesem Buch ausführlicher schreibt – gehört zu den tragischsten Kapiteln europäischer Geschichte. Auch ein Großteil der nicht zuvor geflohenen deutschen Juden wurde hier vernichtet. Selbst der verzweifelte Aufstand des Warschauer Ghettos 1943 konnte den Judenmord nicht aufhalten. Von den etwa 3,4 Millionen polnischen Juden waren bei Kriegsende nur noch gut 400 000 am Leben, zum Teil gerettet von ihren polnischen Nachbarn, einige auch von „guten Deutschen", die große Mehrzahl überlebte in der Sowjetunion.

Der Widerstand gegen das von Deutschen über Polen gebrachte Grauen wuchs an. Die Heimatarmee (Armia Krajowa, AK) unterstand der polnischen Exilregierung in London und war seit 1942/43 die bei weitem wichtigste Untergrundbewegung. Sie war nicht nur für zahlreiche bewaffnete Aktionen gegen die Besatzer verantwortlich, sondern auch für den Ausbruch des Warschauer Aufstands: Zwischen 1. August und 3. Oktober 1944 kämpfte das bürgerliche Warschau darum, die Stadt von den Deutschen zu befreien und der schon an der anderen Weichselseite liegenden Roten Armee als Herr im eigenen Haus entgegentreten zu können. Doch die Sowjets schauten gelassen zu, wie die Deutschen den Aufstand brutal niederschlugen. Bis zu 200 000 Tote und eine komplett zerstörte Stadt waren die Folge. Erst im Januar 1945 nahm die Sowjetarmee das weitgehend menschenleere Warschau ein, und Moskau installierte hier eine Marionettenregierung.

Der Rückzug der Wehrmacht löste gewaltige Wanderungsbewegungen aus: Die deutsche Bevölkerung aus den polnischen Gebieten floh nach Westen, später – seit Ende 1944 – auch die Einwohner der deutschen Ostgebiete. Bald nach der Eroberung durch sowjetische und polnische Armeen strömte polnische Bevölkerung nach Schlesien, Ostpreußen, Pommern und Ostbrandenburg, in die „wiedergewonnenen Gebiete", die das Land de facto schon vor dem eigentlichen Kriegsende am 8. Mai 1945 übernahm, rechtlich dann bei der Potsdamer Konferenz im Sommer des Jahres zugesprochen bekam. Die verbliebene deutsche Bevölkerung wurde größtenteils bis 1947 vertrieben, zunächst ungeordnet und mit vielen Opfern unter den Verjag-

Der Warschauer Aufstand im Spätsommer 1944 hatte den Zweck, die polnische Hauptstadt vor Einmarsch der Roten Armee zu befreien. Doch die Deutschen schlugen den Aufstand brutal nieder. Nach seinem Ende marschieren Anfang Oktober 1944 Einheiten der polnischen Heimatarmee (Armia Krajowa) durch das zerstörte Warschau in die Gefangenschaft.

ten, später besser organisiert. Die Monate und Jahre nach dem Krieg waren der letzte Zeitraum, in dem Millionen von Deutschen und Polen im Osten eng beieinander lebten: Die einen wanderten zu, die anderen erwarteten den Heimatverlust. Der Krieg und seine Folgen hatten den Gesellschaften Deutschlands und Polens schwere Wunden zugefügt, die nur langsam vernarben sollten.

Deutschland und Polen nach dem Zweiten Weltkrieg. Der lange Weg zur Verständigung

Krzysztof Malinowski (Aus dem Polnischen von Peter Oliver Loew)

Die Geschichte der deutsch-polnischen Beziehungen nach dem Zweiten Weltkrieg lässt sich in zwei Abschnitte teilen. Zunächst standen sie im Schatten des Ost-West-Konflikts sowie der Zugehörigkeit beider deutscher Staaten zu zwei politisch-militärischen Blöcken (die Bundesrepublik Deutschland war Mitglied der NATO und der Europäischen Gemeinschaften, die Deutsche Demokratische Republik und die Volksrepublik Polen waren Mitglieder des Warschauer Pakts). Im zweiten Zeitraum begann mit der deutschen Vereinigung, der Erlangung der inneren und äußeren Souveränität durch Polen (1989) und mit den bilateralen Verträgen der Jahre 1989–1991 ein ganz neues Kapitel in den gegenseitigen Beziehungen.

Schwieriger Neubeginn: Polen und die beiden deutschen Staaten

Der Verlust der deutschen Ostgebiete, die Vertreibungen und Zwangsumsiedlungen der deutschen Bevölkerung, gleichermaßen die deutschen Verbrechen und die Erinnerung der Polen an ihr eigenes Leid bildeten die Rahmenbedingungen des deutsch-polnischen Konflikts nach Kriegsende. Die Bundesrepublik beharrte auf dem juristischen Standpunkt, dass Deutschland weiterhin innerhalb der Grenzen von 1937 fortbestehe, und wollte eine Regelung der Grenze zu Polen in einem künftigen – in Potsdam angekündigten – Friedensvertrag klären, der die staatliche Einheit Deutschlands wiederherstellen sollte. Die Nichtanerkennung der Grenze diente also dazu, die deutsche Frage offenzuhalten und den provisorischen Charakter der beiden deutschen Staaten hervorzuheben. Außerdem ließ es die Logik einer demokratischen Rehabilitierung der Bundesrepublik in Absprache mit den Westmächten nicht nötig erscheinen, die Beziehungen zum kommunistischen Polen zu regeln. Zwar bestätigten die Westmächte, dass die deutsche Frage weiterhin offen sei, doch waren sie tatsächlich weit davon entfernt, zu dieser Frage auch die Gebiete östlich von Oder und Neiße zu zählen.

Da die Bundesrepublik die Grenze an Oder und Neiße in Frage stellte, wurde für das kommunistische Polen die UdSSR zum Garanten seiner Westgrenze; gute Beziehungen zum „großen Bruder" waren durch die Herrschaft der kommunistischen Polnischen Vereinigten Arbeiterpartei garantiert. Doch die Wahl des westlichen Wegs durch Konrad Adenauer erwies sich als eine glückliche Fügung des Schicksals für die zukünftigen Beziehungen zwischen beiden Nationen. Nur ein demokratisches Westdeutschland war in der Lage, die deutsche Frage mit den Nachbarn abzuschließen und dadurch auch eine europäische Perspektive für ein freies Polen zu eröffnen. Wäre Deutschland neutral geworden, so hätte das negative Folgen für Polen haben können. Eine Vereinigung beider deutschen Staaten zu den Bedingungen der Sowjetunion in den 1950er Jahren hätte nicht unbedingt bedeutet, dass dieses neutrale Deutschland die Oder-Neiße-Grenze anerkannt hätte; eine Rückkehr Deutschlands zu seinem „Sonderweg" wäre denkbar gewesen. Die deutsch-polnische Grenzproblematik war somit ein wichtiger Faktor des Kalten Kriegs und der Teilung Europas.

Eine Aufnahme diplomatischer Beziehungen zwischen der Bundesrepublik und Polen wurde dadurch verhindert, dass Bonn die Grenze nicht anerkennen wollte und sich an die „Hallstein-Doktrin" hielt, die eine diplomatische Kontaktaufnahme mit Ostblockstaaten davon abhängig machte, dass diese den bundesdeutschen Alleinvertretungsanspruch für beide deutschen Staaten anerkannten. Die polnischen Kommunisten waren bestrebt, ihre Kontakte zur DDR auszubauen, immerhin ein Bündnispartner im Warschauer Pakt, der im Görlitzer Abkommen (6. Juli 1950) die Oder-Neiße-Grenze anerkannt hatte. Die Entstehung der DDR bedeutete für Warschau eine Absicherung gegen einen möglichen erneuten deutschen Expansionismus auf Kosten Polens. Andererseits vergrößerte die Machtübernahme in Polen durch den Reformkommunisten Władysław Gomułka im Zuge des Tauwetters 1956 die kritische Haltung der DDR-Führung gegenüber Polen. Gomułka war tatsächlich um eine Übereinkunft mit Westdeutschland bemüht. Doch Sondierungsgespräche in der zweiten Hälfte der 1950er Jahre über die Aufnahme diplomatischer Beziehungen blieben ohne Ergebnis.

Adenauer konnte einen Status quo in Europa auch in Form multilateraler Verträge nicht akzeptieren. Darum wies er den am 2. Oktober 1957 in der UN-Vollversammlung präsentierten Plan des polnischen Außenministers Adam Rapacki zurück, der eine atomwaffenfreie Zone auf dem Gebiet der Bundesrepublik, der DDR, der VR Polen und der Tschechoslowakei vorsah. Eine Annahme hätte das bundesdeutsche Programm eines Wegs nach Westen in Frage gestellt, die Stellung der USA in Europa erschüttert und die UdSSR gestärkt.

Auf dem Weg zur Entspannung

In den 1960er Jahren kam es im Zuge der langsamen Entspannung zu unterschiedlichen Auffassungen zwischen der Bundesrepublik und ihren westlichen Verbündeten über die Beziehungen zum Osten. Unter ihrem Druck versuchte Bonn, die Kontakte mit dem Ostblock und insbesondere Polen zu intensivieren, zugleich aber die Hallstein-Doktrin zu beachten und die Grenzfrage auszuklammern. Mit dem Angebot einer Normalisierung der Beziehungen auf der Grundlage gegenseitiger Gewaltverzichtserklärungen (und weiterer Ausklammerung der Grenzfrage) wartete erst die 1966 bis 1969 regierende Große Koalition aus CDU/CSU und SPD auf. Gleichzeitig waren die FDP und vor allem die SPD geneigt, den Status quo zu akzeptieren, vor allem da das Eingreifen des Warschauer Pakts in der Tschechoslowakei 1968 die sowjetische Dominanz deutlich machte. Der Schlüssel für Fortschritte in der deutschen Frage lag in Moskau. Wichtige gesellschaftliche Impulse für eine Verständigung mit Polen kamen aus den Kirchen beider Länder. Die Verfasser des Tübinger Memorandums (1961) und der „Ostdenkschrift" der Evangelischen Kirche Deutschlands (1965) sprachen sich für eine Respektierung bzw. Anerkennung der polnischen Westgrenze als Grundlage für eine Versöhnung zwischen beiden Nationen aus. Dies ließ die Entspannungspolitik der seit 1969 regierenden sozialliberalen Koalition reifen. Auf polnischer Seite war es die katholische Kirche, die sich für eine Versöhnung mit Deutschland aussprach und 1965 hierzu einen Briefwechsel mit den deutschen Bischöfen aufnahm. Angesichts sich wandelnder internationaler Beziehungen und einer wohlwollenden öffentlichen Stimmung entschloss sich die Regierung Brandt/Scheel zu einem

7. Dezember 1970: Bundeskanzler Willy Brandt und der polnische Ministerpräsident Józef Cyrankiewicz unterzeichnen den Warschauer Vertrag, in dem die Bundesregierung die Oder-Neiße-Linie als polnische Westgrenze anerkennt.

weitreichenden Schritt gegenüber Polen. Im „Vertrag zwischen der Bundesrepublik Deutschland und der Volksrepublik Polen über die Grundlagen der Normalisierung ihrer gegenseitigen Beziehungen" (Warschauer Vertrag) vom 7. Dezember 1970, den Willy Brandt und der polnische Ministerpräsident Józef Cyrankiewicz unterschrieben, erkannte die Bundesrepublik die Oder-Neiße-Grenze als Westgrenze des polnischen Staates an. Bereits zuvor hatte Bonn diese Grenze in einem Vertrag mit der UdSSR (12. August 1970) akzeptiert.

Beide Verträge wurden vom Bundestag (am 17. Mai 1972) anlässlich der Ratifizierung als „modus vivendi" interpretiert, also als eine Konstruktion, die für die Bundesrepublik bis zum Abschluss eines Friedensvertrags bindend war. Entscheidungen des Bundesverfassungsgerichts von 1973 und 1975 bestätigten das Fortbestehen des Reichs in den Grenzen von 1937, was bedeutete, dass die Bundesrepublik rechtlich gesehen eine endgültige Grenzregelung vor sich herschob. Doch für die Urheber der Ostpolitik war das Staatsgebiet Polens in seinen Nachkriegsgrenzen nicht mehr veränderbar. Ihr Ziel war es, die Beziehungen zu den kommunistischen Staaten auf den territorialen und politischen Status quo in Europa zu gründen. Perspektivisch gesehen sollte die Teilung Europas jedoch aufgehoben werden, zumindest ging es darum, deren negative Konsequenzen abzuschwächen, vor allem für die beiden deutschen Staaten und ihre Bevölkerungen. Für die Volksrepublik Polen war eine Verständigung mit Westdeutschland insofern von Bedeutung, als sie eine Möglichkeit für bessere Kontakte und damit zugleich auch eine größere Eigenständigkeit innerhalb des Ostblocks eröffnete.

Der Warschauer Vertrag veränderte die deutsch-polnischen Beziehungen fundamental. Die Bundesrepublik demonstrierte ihren Willen, sich mit der polnischen Nation zu verständigen und ihr Existenzrecht innerhalb der Nachkriegsgrenzen anzuerkennen. Allerdings fehlte im Vertrag ein Bezug auf den Zweiten Weltkrieg, d. h. auf die Verantwortung Deutschlands für seinen Ausbruch und für die Besetzung Polens. Kanzler Brandt entschloss sich mit seinem Kniefall vor dem Denkmal für die Helden des Warschauer Ghetto-Aufstands zu einer symbolischen Geste, die ausdrücken sollte, dass Deutschland seine Verantwortung für das von Deutschen verübte Leid übernimmt.

In den 1970er Jahren waren beide Staaten bemüht, ihre Kontakte zu intensivieren, auch wenn sie unterschiedliche Ziele hatten. Für die Bundesrepublik zählten vor allem die Ausreise deutschstämmiger Menschen aus Polen, die Ausweitung wirtschaftlicher, gesellschaftlicher und kultureller Kontakte sowie die Verbesserung des Deutschlandbilds in Polen. Die polnische Seite erwartete eine Entschädigung für die polnischen Opfer des „Dritten Reiches" (KZ-Häftlinge und Zwangsarbeiter), doch insbesondere starke Wirtschaftshilfe, also Kredite, um die eigene Wirtschaft zu stimulieren – vor allem deshalb hatte man sich zur Bundesrepublik hin geöffnet. Warschau machte die Genehmigung weiterer Ausreisen vom Erhalt wirtschaftlicher Unterstützung abhängig. Kanzler Helmut Schmidt und der polnische Parteichef Edward Gierek kamen 1975 zu einem Kompromiss. Polen erlaubte die Ausreise von 120 – 125 000 Menschen bis 1980, während die Bundesrepublik ein Sozialversicherungsabkommen abschloss (Polen erhielt dadurch 1,3 Mrd. Mark) sowie einen Kredit in Höhe von einer Milliarde Mark gewährte. Kein Einverständnis wurde dagegen in anderen Fragen erzielt – bei der Umsetzung der Empfehlungen der gemeinsamen Schulbuchkommission, beim Gebrauch deutscher Ortsnamen in Bezug auf die ehemaligen deutschen Ostgebiete sowie hinsichtlich des polnischen Wunsches, dass aus diesen Gebieten stammenden Personen nicht mehr automatisch die deutsche Staatsangehörigkeit zustehen möge. Unerledigt blieb auch die Entschädigung polnischer Staatsbürger. Bonn berief sich darauf, dass die Volksrepublik Polen auf Reparationen verzichtet hatte, und lehnte es ab, zivilrechtliche Klagen zu akzeptieren (auch wenn zumindest teilweise polnische Opfer pseudomedizinischer Experimente finanziell unterstützt wurden).

Die Beziehungen in der zweiten Hälfte der 1970er Jahre waren von Stagnation geprägt. Obwohl zahlreiche Probleme noch nicht gelöst waren, hatte die sogenannte Normalisierung insofern auch positive Effekte hervorgebracht, als es zu rechtlichen Vereinbarungen und zur Intensivierung von Kontakten kam, wie es sie in keinem anderen Verhältnis der Bundesrepublik zu einem Ostblockstaat gab (Rentenabkommen, Städtepartnerschaften, kulturelle Zusammenarbeit, Deutsch-Polnisches Forum).

Auch die Beziehungen zwischen der DDR und der VRP konnten von der Entspannung zum Teil profitieren, indem beide Ostblockländer eine wirtschaftliche Kooperation und eine reglementierte gesellschaftliche An-

Als in Polen im Sommer 1980 Massenstreiks ausbrachen und die Gewerkschaft „Solidarność“ entstand, blickte die Öffentlichkeit in ganz Deutschland gebannt ins Nachbarland. Mehrfach gestaltete der „Spiegel“ Titelbilder zu Polen, etwa im Dezember 1981, nachdem Regierungschef Wojciech Jaruzelski das Kriegsrecht ausgerufen und die Tätigkeit der „Solidarność“ verboten hatte.

näherung zu praktizieren versuchten. Die „verordnete Freundschaft“ stieß allerdings bald auf eine unüberwindbare Barriere, als es in Polen zu gesellschaftlichen Protesten kam und sich die polnische kommunistische Bruderpartei – aus Ost-Berliner Sicht – als alles andere als ein zuverlässiger Partner entpuppte.

Erleichtert durch den allgemeinen Entspannungsprozess, stärkte die auf Annäherung orientierte Polenpolitik der Bundesrepublik deren Stellung im westlichen Bündnis und machte die Ostpolitik insgesamt glaubwürdig. Warschaus Vorgehen ließ die UdSSR und die DDR jedoch misstrauisch werden. Allerdings wurde die Weiterentwicklung der Beziehungen durch die verschärften Beziehungen zwischen den Supermächten am Ende der 1970er Jahre gehemmt, als das sowjetische Raketenarsenal in Europa vergrößert wurde und Moskau sich zum Einmarsch in Afghanistan entschloss.

Angesichts der Systemkrise in Polen in den 1980er Jahren setzte es sich die sozialliberale Regierung in Bonn zum Ziel, ein endgültiges Scheitern der

Entspannungspolitik nicht zuzulassen. Dadurch sollte auch eine militärische Intervention von UdSSR und DDR in Polen verhindert werden. Aus diesem Grund erschien das Entstehen der Gewerkschaft Solidarność eher als Bedrohung für die deutschen Interessen denn als Chance zur Aufhebung der Teilung Europas und Deutschlands. Auf die Verhängung des Kriegsrechts in Polen am 13. Dezember 1981 reagierte die Bundesrepublik zurückhaltend und beteiligte sich auch nur zögernd an der internationalen Isolierung Polens. Die bundesdeutsche Bevölkerung leistete (übrigens ebenso wie die ostdeutsche) spontan humanitäre Hilfe – alleine 1982 wurden 3,8 Millionen Pakete aus Westdeutschland nach Polen geschickt. Die tiefe Wirtschaftskrise in Polen führte zu einer wachsenden Bereitschaft der polnischen Kommunisten, sich dem Westen zu öffnen, insbesondere Westdeutschland. Die 1982 an die Macht gekommene Regierung Kohl/Genscher war bereit, Hilfe zu leisten, wenn Warschau innenpolitische Reformen durchführen und die deutsche Minderheit anerkennen würde.

Versöhnung und enge Zusammenarbeit

Der demokratische Umbruch in Polen und die Bildung der hauptsächlich von der Solidarność unterstützten Regierung von Tadeusz Mazowiecki (12. September 1989) war von entscheidender Bedeutung für die historische deutsch-polnische Verständigung, die sich zwischen 1989 und 1991 vollzog. Mazowiecki sprach sich für eine Versöhnung mit Deutschland aus und erkannte, dass Polens Rückkehr nach Europa nur nach einer europäischen Regelung der deutschen Frage gelingen könnte.

Die erste Etappe bestand darin, die Richtung zu bestimmen, in die sich die Beziehungen entwickeln sollten. Dazu kam es während des Besuchs von Kanzler Kohl in Polen (9. – 14. November 1989, unterbrochen durch den Fall der Berliner Mauer). Die Bundesrepublik unterstützte die Systemtransformation in Polen, half dabei, dass Polen Kredite bei Weltbank und Internationalem Währungsfonds erhielt, und war dazu bereit, die in den 1970er Jahren gewährten Kredite teilweise zu erlassen. Polen garantierte im Gegenzug Entwicklungsmöglichkeiten für die deutsche Minderheit. Verschiedene Verträge wurden unterzeichnet (über Jugendaustausch, wissenschaftlich-technische Zusammenarbeit, Umweltschutz usw.).

Die zweite Etappe setzte ein, als die Regierung Kohl damit begann, die deutsch-deutsche Einigung aktiv voranzutreiben, womit sich die Notwendigkeit einer Bestätigung der Oder-Neiße-Grenze verband. Polen verlangte, dass dies noch vor der Vereinigung geschehen müsse, doch Kohl war aus innenpolitischen Gründen dagegen. Die Westmächte beteiligten Polen an den Verhandlungen über die deutsche Wiedervereinigung, in deren Ergebnis sich das vereinigende Deutschland bereit erklärte, die Oder-Neiße-Grenze endgültig anzuerkennen, was im 2+4-Vertrag (12. September 1990) festgeschrieben und durch den am 14. November 1990 in Warschau abgeschlossenen deutsch-polnischen Grenzvertrag bestätigt wurde. Hierdurch wurde die seit dem Zweiten Weltkrieg bestehende grundsätzliche Streitfrage beseitigt und der Weg zu einer umfassenden Annäherung eröffnet.

Die dritte Etappe der Verständigung wurde mit dem Vertrag über gute Nachbarschaft und freundschaftliche Zusammenarbeit eingeleitet, der am 17. Juni 1991 in Bonn unterzeichnet wurde. Damit einher gingen verschiedene Einzelabkommen, etwa über die Kooperation im Jugendbereich oder über die Einrichtung einer gemeinsamen Kommission für die regionale und grenznahe Zusammenarbeit. Auch hinsichtlich einer Entschädigung für die Opfer des „Dritten Reichs" kam man zu einem Ergebnis: Deutschland überwies 500 Millionen Mark an die eigens gegründete Stiftung „Deutsch-Polnische Versöhnung". Für Deutschland war die Regelung des Status der deutschen Minderheit in Polen am wichtigsten. Streitfragen wie die doppelte Staatsbürgerschaft oder Vermögensansprüche ehemaliger deutscher Bewohner der polnischen Westgebiete wurden ausgeklammert, das Recht der Vertriebenen auf Heimkehr sowie die Frage zweisprachiger Beschilderungen in den Minderheitengebieten in die Zukunft verschoben.

Beide Vertragswerke waren von fundamentaler historischer Bedeutung, sie beendeten einen von Konflikten geprägten Zeitraum und eröffneten ein neues, von Kooperation gekennzeichnetes Kapitel der beiderseitigen Beziehungen. Von zentraler Bedeutung für Polen war es, die wiedererlangte Souveränität zu stärken, die staatliche Sicherheit zu garantieren sowie die wirtschaftliche und zivilisatorische Entwicklung der eigenen Bevölkerung zu unterstützen. Aus diesen Gründen lag eine Annäherung an Westeuropa auf der Hand. Polen befand sich in einer neuen geopolitischen Lage, da es nach dem Zerfall der Sowjetunion und der Teilung der Tschechoslowakei

17.6.1991: Der polnische Ministerpräsident Jan Krzysztof Bielecki und Bundeskanzler Helmut Kohl unterzeichnen im Bundeskanzleramt den deutsch-polnischen Nachbarschaftsvertrag.

von lauter neuen Nachbarn umgeben war. Das deutsche Problem hatte seine Bedeutung verloren. Die Westausrichtung der polnischen Außenpolitik beruhte darauf, enge Kontakte gerade mit Deutschland aufzubauen, das die europäische Integration maßgeblich vorantrieb und ein wichtiger Bündnispartner der USA war. Für Deutschland wiederum war eine Verständigung mit Polen ein Instrument, um ein eigenes wichtiges Ziel zu verwirklichen – eine Stabilisierung in den Transformationsstaaten Ostmitteleuropas. Deshalb unterstützte es deren Bemühungen um eine EU-Mitgliedschaft und weitete gleichzeitig seine Einflüsse in der Region aus, wovon der deutsche Handel und deutsche Direktinvestitionen profitierten.

Die 1990er Jahre waren geprägt von intensiven politischen Kontakten, auch wenn Kohls erster Besuch in Polen nach der Wiedervereinigung erst 1995 zustande kam. Zu einem neuen Format von Kontakten wurden seit 1991 die jährlichen Treffen der Außenminister Deutschlands, Polens und

Frankreichs („Weimarer Dreieck", benannt nach dem ersten Begegnungsort in dieser Konstellation). Die zwischenstaatliche Zusammenarbeit (etwa in der Verteidigungspolitik, in Grenzfragen oder bei den Beziehungen zwischen Bundesländern und Wojewodschaften) entwickelte sich ebenso beeindruckend wie die gesellschaftlichen Beziehungen.

Für die Versöhnung waren symbolische Gesten von großer Bedeutung. Dazu zählten die Rede von Bundespräsident Roman Herzog in Warschau zum 50. Jahrestag des Ausbruchs des Warschauer Aufstands, wo er um Vergebung für die von Deutschen verübten Verbrechen bat (1. August 1994); die Ansprache von Außenminister Władysław Bartoszewski im Bundestag (25. April 1995) aus Anlass des 50. Jahrestags der Beendigung des Zweiten Weltkriegs, in der er die Vertreibung von Polen während des Kriegs erwähnte, aber auch das Leid der aus Polen vertriebenen Deutschen beklagte; Gerhard Schröders Besuch in Warschau am 1. September 2004, als er die Opfer der NS-Verbrechen würdigte; Angela Merkels Besuch auf der Westerplatte in Danzig zum 70. Jahrestag des Kriegsausbruchs (1. September 2009).

Polen wurde in seinem Bestreben einer „Rückkehr nach Europa" von Deutschland unterstützt – etwa bei der Verringerung der Schuldenlast durch den Pariser Klub, bei den Beitrittsverhandlungen zur NATO (1999) und zur EU. Langsam machten sich am Ende der 1990er Jahre, vor allem aber in den ersten Jahren des neuen Jahrtausends neue Probleme bemerkbar. Sie hingen z. B. mit den letzten Schritten vor dem polnischen EU-Beitritt zusammen, als sich die Interessen beider Partner teilweise unterschieden. Deutschland setzte eine mehrjährige Verzögerung bei der Öffnung des Arbeitsmarkts für Polen durch (bis 2011), Polen bestand auf einer ähnlichen Übergangszeit beim Landerwerb durch Ausländer. Von großer Bedeutung waren nach wie vor historische Fragen, was sich etwa im Streit um die Zwangsarbeiterentschädigung oder um die vom „Bund der Vertriebenen" (BdV) forcierte Gründung eines „Zentrums gegen Vertreibungen" niederschlug. Auch die unterschiedliche Haltung Deutschlands und Polens gegenüber den USA während der Irak-Krise 2002/2003 trübte zeitweise die bilateralen Beziehungen ein.

Polens Status veränderte sich derweil, da es sich langsam aus der Rolle eines Bittstellers entfernte, der auf deutsche Unterstützung angewiesen war. Die Auseinandersetzungen um die EU-Verfassung und die EU-Reform ließen das deutlich werden. Deutschland versuchte, für grundsätzliche Ent-

Nach Nato- und EU-Beitritt Polens waren die Beziehungen des Landes zu Deutschland so gut wie nie zuvor. Besonders Bundeskanzlerin Angela Merkel und Ministerpräsident Donald Tusk pflegten ein sehr gutes Verhältnis, hier 2009 während einer Gedenkveranstaltung zum Ausbruch des Zweiten Weltkriegs auf der Westerplatte. Russlands Ministerpräsident Wladimir Putin mag gar nicht hinsehen ...

scheidungen eine doppelte Mehrheit durchzusetzen (Mehrheit der Staaten und Mehrheit der EU-Bevölkerung), was die größeren Staaten bevorzugt hätte, während Polen sich für ein System aussprach, das den mittelgroßen Mitgliedsstaaten entgegenkam. Die Missstimmungen wurden durch die Politik des BdV noch verstärkt, die in Polen als Umwertung der deutschen Verantwortung für den Krieg interpretiert wurde, aber auch durch den Bau einer direkten Gaspipeline durch die Ostsee (Nord Stream) von Russland nach Deutschland, was die geopolitische Lage Polens gegenüber Russland verschlechterte und in Polen als Verletzung der europäischen Solidarität durch Deutschland gewertet wurde. Diese Spannungen wurden in der Regierungszeit der konservativen PiS-geführten Koalition in Polen (2005–2007) noch deutlicher.

Polens EU-Beitritt markierte einen qualitativen Wandel der deutsch-polnischen Beziehungen, denn mit ihm ging ein Zeitraum zu Ende, der von der Lösung grundsätzlicher, mit der Vergangenheit oder der Nachbarschaft zusammenhängender Probleme geprägt war. Die EU dynamisierte die bilateralen Beziehungen, stellte die beiden Partner aber auch vor neue Herausforderungen. Letztlich schwang sich Deutschland durch die Euro-Krise deutlicher als zuvor zur europäischen Führungsnation empor. Polens Ratspräsidentschaft in der EU 2011 mobilisierte beide Länder dazu, die Qualität der beiderseitigen Beziehungen zu verbessern, wofür sich auch die zwischen 2007 und 2015 in Polen regierende liberal-konservative Koalition einsetzte, die davon ausging, dass eine Stärkung der Position Polens in der EU nur durch eine dauerhafte Zusammenarbeit mit Deutschland gelingen könnte. Angesichts des Konflikts um die Ukraine, der noch nicht überwundenen Euro-Krise und der Flüchtlingskrise werden zwischen Deutschland und Polen sicherlich immer neue Dissonanzen auftreten. Ob das vorhandene enge Netz an politischen Kontakten aber in der Lage ist, eventuellen Spannungen vorzubeugen und Deutschen und Polen die Kunst einer echten Partnerschaft unter Beweis zu stellen, das ist gegenwärtig noch offen.

Polnischer Film und deutsche Musik. Wie sich Deutschland und Polen in den Künsten begegnen

Peter Oliver Loew

Stimmen des Verstehens, der Empathie haben es schwer in einer Welt der politischen Konfrontation, militärischen Auseinandersetzungen, der Missverständnisse und der Unkenntnis, der Vorurteile und Angst. Es sind die Künste, die hier beste Arbeit leisten, in der deutsch-polnischen Nachbarschaft seit hundert Jahren. Als im Ersten Weltkrieg Polens nationale Wiederauferstehung in den Bereich des Möglichen geriet, gaben einige Idealisten in München eine „Polnische Bibliothek“ heraus, deren Ziel es war, für den künftigen Staat zu werben und dem deutschen Publikum den historischen und kulturellen Reichtum Polens darzustellen. Auch zwischen den Kriegen, als der Streit um die Grenzen lange ein gedeihliches Miteinander verhinderte, waren es Künstler, Schriftsteller und Musiker, die mit Initiativen zu Verständigung und Versöhnung hervortraten. Vor allem die Musik schien geeignet, über sperrige Sprachgewohnheiten hinweg Einvernehmen herzustellen, denn wer wollte schon bestreiten, dass Fryderyk (Frédéric) Chopin einer der ganz großen Klavierkomponisten war? Allerdings vermochten viele Deutsche seine polnische Herkunft auszublenden und nahmen ihn als – allenfalls folkloristisch geprägten – Franzosen wahr, trotz größter Anstrengungen von Musikern wie dem unermüdlichen Pianisten Raul Koczalski, der selbst im Zweiten Weltkrieg in Berlin blieb und konspirativ Chopin spielte ... Demgegenüber hatten Bach und Beethoven keinerlei Probleme, in Polen als „Deutsche" erkannt zu werden: An ihnen führte keine polnische Musikausbildung und kaum ein Konzertprogramm vorbei. Und als 1934 im Zuge des deutsch-polnischen Nichtangriffspakts kulturelle Zusammenarbeit von der hohen Politik gefördert wurde, war es auch der Film, der – etwa in Gestalt deutsch-polnischer Koproduktionen – zur Annäherung und zum besseren Verständnis beitragen sollte. Die Person, die man sich zum Helden der ersten Gemeinschaftsproduktion erkor, den Sachsenfürsten und Polenkönig August der Starke, eignete sich aber schließlich doch nicht als der erhoffte „Bündnispartner", zu unterschiedlich wurde er in Polen und in Deutschland gesehen.

Im Zweiten Weltkrieg galten die Künste des Nachbarn als subversiv: Wer Polnisches in Deutschland spielte, bekam Probleme, und Deutsches in Polen stand – illegal aufgeführt – nicht hoch im Kurs. Nach dem Krieg kehrte das Deutsche rasch nach Polen zurück, denn wie hätte man ohne Bach und Beethoven, Goethe, Schiller und Brecht, Albrecht Dürer oder Lucas Cranach Hochkultur verstehen und zelebrieren können? Nach anfänglicher Skepsis gewann die Neugier am Deutschen: Die Aufführungen und Übersetzungen waren häufig, und oft galt das (West-)Deutsche auch als Fenster in die freie Welt, die Moderne des Westens.

Umgekehrt tat sich das Polnische schwer in Deutschland. Während es in der DDR sozusagen regierungsamtlich propagiert wurde, aber letztlich doch nur kleine Zirkel von Intellektuellen und Künstlern hier

Filmdiplomatie: Mit Streifen wie „Ritt in die Freiheit" (1936) wollte NS-Deutschland die deutsch-polnische Annäherung einem großen Publikum schmackhaft machen. Der Film mit Willy Birgel in der Rolle des Grafen Staniewski schildert eine Geschichte aus dem polnischen Novemberaufstand 1830/31 gegen Russland und wurde zu einem Kassenschlager.

ihr ganz eigenes Fenster in die – relative – Freiheit des liberaler regierten Polens fanden, war in Westdeutschland zunächst die Initiative Einzelner gefragt: Oft getragen vom Bewusstsein um das Leid, das Deutsche in Polen verursacht hatten, wurden seit Ende der 1950er Jahre immer häufiger Ausstellungen polnischer Kunst veranstaltet, und sehr rasch kam auch die Literatur hinzu. Eine vom Übersetzer Karl Dedecius herausgegebene Anthologie mit Gedichten junger polnischer Autoren, *Lektion der Stille*, brach 1959 das Eis, wurde zu einer literarischen Sensation. Weiteres folgte – Stanisław Jerzy Lec mit seinen genialen Aphorismen, Stanisław Lem mit seinen philosophisch tiefgründigen Utopien, große Dichter wie Różewicz, Miłosz oder Szymborska, Dramatiker wie Stanisław Mrożek. In der Musik hatte man lange gedacht, nach Chopin habe

Zu den vielen Deutschen, die sich unermüdlich auch in schwierigen Zeiten für den deutsch-polnischen Dialog einsetzten, gehörte Karl Dedecius, Übersetzer und Gründer des Deutschen Polen-Instituts.

Polen nichts mehr zu bieten, doch spätestens mit dem Durchbruch Krzysztof Pendereckis mit seinen avantgardistischen Orchester- und Chorwerken zu Beginn der 1960er Jahre änderte sich auch dieses Bild: Die Moderne aus dem politisch erstarrten Osten, das schien ein verblüffendes, zugleich aber faszinierendes Paradox zu sein. Bald schlossen Jazzmusiker auf – Tomasz Stańko sei nur als einer von vielen genannt.

Vermutlich viel größere Kreise erreichte schließlich der polnische Film: Regisseure wie Andrzej Munk oder Andrzej Wajda machten seit den ausgehenden 1950er Jahren in Ost- wie Westdeutschland auf sich aufmerksam, und mehr noch – auf ein Land, das seine Vergangenheit und seine aktuellen Probleme filmisch zu verarbeiten verstand. Die „polnische Schule" des Films sorgte für Furore und über Jahrzehnte hin für großes Interesse in Deutschland, zumal polnische Filme (anders als deutsche) häufig auch deutsch-polnische Themen abhandelten, solche aus den tragischen Jahren des Zweiten Weltkriegs, aber auch andere aus früheren Zeiten.

Mit der Unterzeichnung des Warschauer Vertrags 1970 setzte eine neue Welle deutschen Polen-Interesses ein, die sich nicht zuletzt 1980 in der Gründung des Deutschen Polen-Instituts ausdrückte, dessen erstes Großprojekt eine auf 50 Bände angelegte „Polnische Bibliothek" war: Das Beste vom Besten der polnischen Literatur sollte deutschen Lesern zugänglich gemacht werden. Literatur des Nachbarn – was sich in Polen von selbst verkaufte, das musste in Deutschland meist immer noch mühsam in den Markt und ins Feuilleton gebracht werden (Lec und Lem waren die Ausnahmen von der Regel). Heute aber haben sich die Vorzeichen verändert: Während polnische Autoren der „ersten Garde" in Deutschland problemlos Verlage finden, tun sich in Polen mit seinen stagnierenden Leserzahlen deutschsprachige Autoren schwerer, es sei denn, sie liefern Unterhaltendes.

Was die kulturelle Vermittlung erleichtert, sind verflochtene Biographien: Wer sich in Deutschland wie Polen gleichermaßen zu Hause fühlt,

Die internationale Karriere des Komponisten Krzysztof Penderecki führte über Deutschland, wo seine avantgardistischen Werke in den 1960er und 1970er Jahren für Aufsehen sorgten. Hier 1999 während eines Konzerts mit der Deutschen Kammerphilharmonie Bremen.

hat oft eine doppelte, deutsch-polnische Mission. Auch in der Vergangenheit gab es derlei Doppelbiographien – der Zeichner Daniel Chodowiecki, der Schriftsteller Stanisław Przybyszewski oder der Komponist Xaver Scharwenka wären nur drei von vielen Beispielen. Gerade in den letzten zehn, fünfzehn Jahren ist die Zahl dieser zwischen den beiden Kulturen wechselnden Künstler jedoch stark gewachsen: Zu wandern und mehrere Identitäten zu besitzen, ist fast schon die Regel geworden – was Hunderte von polnischen Musikern in Deutschland ebenso bezeugen können wie einige, immer noch relativ seltene Exemplare deutscher Künstler in Polen. Und auch in der Welt der Schriftstellerei wächst die Zahl dieser Doppelexistenzen: Artur Becker, Matthias Nawrat, Magdalena Parys – oder Journalisten wie Adam Soboczyński und Alice Bota stehen für diese neue Gemeinsamkeit.

Deutsch-polnische Alltagskontakte

Matthias Barełkowski und Markus Krzoska

Wenn man vor dreißig Jahren auf Deutschlands Straßen Menschen Polnisch oder zumindest mit polnischem Akzent sprechen hörte, was nicht so häufig vorkam, so handelte es sich vor allem um Vertriebene, (Spät-)Aussiedler oder Angehörige der politischen Emigration, die im Gefolge von Wirtschaftskrise und der Verhängung des Kriegsrechts Ende 1981 als „Flüchtlinge" in die Bundesrepublik gekommen waren. Im Alltag fanden sie sich meist schnell zurecht, sodass sie bald zur „unsichtbaren Minderheit" wurden, von der man zwar wusste, die aber auch gerne unter sich blieb und die Muttersprache im eigenen Milieu pflegte.

Mit dem Fall der Mauer und dem visafreien Reiseverkehr seit 1991 änderte sich dies rasant, denn nun kamen verstärkt Kleinhändler und Schwarzarbeiter nach Deutschland, die hin und her pendelten und versuchten ihren Lebensunterhalt in schwierigen Zeiten zu verdienen. Unvergessen etwa der „Polenmarkt" am Potsdamer Platz in Berlin, der unter primitivsten Bedingungen am ehemaligen Mauerstreifen stattfand und den Deutschen die Armut vor Augen führte, unter der viele Menschen im Polen der Transformationszeit litten. Umgekehrt fuhren nun viele Deutsche, vor allem aus der Ex-DDR, gerne über die Grenze nach Polen, um dort billig Zigaretten, Benzin und diverse andere Dinge auf den wie Pilze aus dem Boden schießenden Märkten hinter der Grenze zu kaufen. Neben diesen aus wirtschaftlicher Not und der Gier nach „billiger Ware" geborenen Alltagskontakten kamen aber auch verstärkt Studierende mit Stipendien nach Deutschland und sorgten an den deutschen Unis für neue Akzente. Etwas zeitverzögert und in viel geringerem Umfang fuhren nun auch deutsche Stipendiaten nach Polen, wo sie zunächst als recht exotisch galten, aber immerhin aus der bisherigen Einbahnstraße einen Kreisverkehr gestalteten. Gewissermaßen als Krönung dieser Entwicklung kann man die Gründung der oftmals als explizit deutsch-polnisch verstandenen Universität Viadrina in der Grenzstadt Frankfurt (Oder) ansehen.

Heute ist dies alles Normalität geworden, der Berlin-Warszawa-Express kursiert mehrmals am Tag, Passkontrollen finden nicht mehr statt, kultureller Austausch auf allen Ebenen dafür umso mehr, und es ist zumindest in den Städten schon ungewöhnlich, wenn man an einem Tag

Seit Jahrzehnten eine der wichtigsten Verbindungen zwischen Deutschland und Polen: der Berlin-Warszawa-Express.

kein Polnisch hört. Die Gründe, warum sich Polen in Deutschland aufhalten, sind immer noch vielfältig, doch allen ist klar, dass ganze Berufszweige ohne ihr Mitwirken zusammenbrechen würden. Waren es lange die Saisonarbeiter und Erntehelfer, die jene Jobs erledigten, für die sich praktisch keine Deutschen mehr fanden, weil sie körperlich sehr anstrengend waren, folgten auf legalem oder nichtlegalem Wege bald die Pflegekräfte, die wie keine andere Gruppe von Polinnen dazu beigetragen haben, dass sich das deutsche Polenbild in den letzten 15 Jahren entscheidend verbessert hat – insbesondere bei der älteren Bevölkerung. Beinahe das Gleiche gilt für Handwerker, die im Ruf stehen, zuverlässig zu arbeiten und dabei kostengünstiger zu sein. Die polnischen Putzfrauen brachten es sogar zu literarischem Ruhm, als „Frau Justyna" unter Pseudonym aus ihrem Alltag unter deutschen Betten und in Badezimmern berichtete und ihren Auftraggebern gekonnt einen Spiegel vorhielt – sie habe etliche hygienische Mängel gefunden, was sie so nicht erwartet habe.

Schließlich wären da noch die deutsch-polnischen Ehen. Das Klischee der „schönen Polin" scheint hier durchschlagenden Erfolg gehabt zu haben. Schon 1997 heirateten deutsche Männer insgesamt 5230 Mal eine polnische Frau, dagegen nur 780 deutsche Frauen einen polnischen Mann. Dieser Trend entstand allerdings erst seit Mitte der 1980er Jahre, zuvor spielten binationale Ehen keine Rolle.[13] Aus vielen dieser Ehen sind natürlich auch Kinder hervorgegangen, die ihrerseits die Alltagskontakte stärkten, etwa indem sie ihre Klassenkameraden überredeten, in den Ferien mit nach Polen auf den Reiterhof zu kommen. Nur wenige Jahre zuvor wäre ein derartiger Vorschlag wohl noch von vielen Eltern entrüstet abgelehnt worden – seit Ende der 90er Jahre fand er zunehmend Gefallen, war das Reiten in Polen doch deutlich billiger. Aber auch Rentner, Kurgäste und Erholungssuchende entdeckten in den vergangenen Jahren zunehmend Polen und seine Landschaften. Selbst wenn dabei sicher Sparsamkeitsmotive eine Rolle gespielt haben, so ging damit doch auch eine zunehmende Normalisierung einher, die allen Beteiligten von Nutzen war und ist. Dagegen ist altersbedingt die Zahl der „Heimwehtouristen" massiv zurückgegangen.

Die Erfahrungen eines Deutschen in Polen hat in den letzten Jahren wie kein anderer Steffen Möller in Büchern und Bühnenauftritten popularisiert. Mit seinen Beschreibungen des polnischen Alltags und der Schwierigkeiten eines Polnisch lernenden Deutschen erreichte er entgegen allen Erwartungen auch in Deutschland ein Millionenpublikum. In Polen wurde er gar zum Fernsehstar.

Natürlich kann man insgesamt auch heute noch von stark durch das Wohlstandsgefälle geprägten Alltagskontakten sprechen. Böse Zungen könnten das auf die Formel bringen: Arme polnische Pflegekraft sucht goldenen deutschen Hintern zum Abputzen.

Gleichwohl sollten diese Alltagskontakte in ihrer positiven Wirkung nicht unterschätzt werden, sondern vielmehr das nachbarschaftliche Zusammenleben in Würde und mit Respekt für den jeweils anderen auf ihrer Basis weiterentwickelt werden – auch und gerade angesichts der neuen humanitären Herausforderungen durch die vielen nach Europa strömenden Flüchtlinge.

13 Die Sondersituation der Aussiedler muss natürlich immer mitgedacht werden. Siehe Karolina Joanna Korth, Interkulturelle Ehen. Deutsch-polnische Ehen in ihrem sozialen Umfeld. Hamburg 2006, S. 45 – 47 (http://www.deutsch-polnische-ehen.de/Deutsch_Polnische_Ehen.pdf).

Wanderungen zwischen den Kulturen

Migration von Deutschen nach Polen

Markus Krzoska

„Wer nach Polen ziehen und sich daselbst aufs Gerathewohl ankaufen will, wird gewiß in den meisten Fällen betrogen und kommt um sein Vermögen! […] Ein ganzes Buch könnte man voll davon schreiben, viele solche Unglückliche nennen, die blindlings handelnd um ihr Glück und Vermögen kamen und als Bettler in einem fremden armen Lande standen. Daher ist vor Allem V o r s i c h t anzurathen. Man lasse sich nicht durch die Masse von Mäklern, besonders Juden, auch schlecht gesinnten Deutschen, überreden und anführen, sondern man gehe beim Ankauf von Grundstücken langsam und vorsichtig zu Werke.“[1]

Mit diesen Worten versuchte der Landwirt und Ökonom William Löbe, seinerzeit ein angesehener Experte und Wissensvermittler, im Jahre 1840 zur Versachlichung einer lebhaften Debatte beizutragen, die sich mit Fragen der Auswanderung beschäftigte, jenem Thema, das gerade im 19. Jahrhundert eine Vielzahl von Deutschen beschäftigte. Im allgemeinen Bewusstsein ist heute wenig bekannt, dass sich Überlegungen, das eigene Glück frei von wirtschaftlicher und religiöser Not auch östlich von Deutschland zu suchen, über viele Generationen hielten. In vielen Fällen traten sie gleichrangig neben die vermeintlich dominanten Phantasien der Migration nach Westen, über den „Großen Teich“ .

Die „Ostkolonisation“ – Modernisierung in Ostmitteleuropa

Um uns die ersten Wanderungsbewegungen anzusehen, müssen wir allerdings weit ins Mittelalter zurückgehen. Sieht man einmal von quellenmäßig schwer greifbaren frühen wirtschaftlichen Kontakten und religiös und dynastisch bedingten Wegzügen nach Osten ab – bekannt sind etwa die Beispiele der aus dem Rheinland stammenden polnischen Königin Richeza im 11. und von Missionaren wie dem „Pommernapostel“ Otto von Bamberg im 12. Jahrhundert –, waren es die verschiedenen Wellen der „Ostkolonisation“, die heute eher als „Landesausbau“ bezeichnet wird, die deutsche Siedler erstmals in größerem Umfang nach Polen brachten. Diese aus ökonomi-

1 William Löbe, Die Auswanderung nach Polen. Ein Buch zu Rath und That für deutsche Landleute und Gewerbetreibende, die ihr Glück dort suchen wollen. Grimma 1840, S. 115 – 117.

Siedlungsbewegungen
Siedlungsgebiet um 700 n. Chr.
Ausbreitung der bäuerlichen Siedlung
8.–11. Jhd.
12. Jhd.
13. Jhd.
14. Jhd.
unbesiedelte Wälder und Sümpfe
Stadt mit
Magdeburger Recht
Lübecker Recht
süddeutschem Recht
anderem deutschen Recht
sonstige Stadt/Bistum oder Kloster
Grenze des Heiligen Römischen Reiches im 14. Jahrhundert
Ostsee
Danziger Bucht
Putzig
Bischofshausen
Königsberg
Stolp
Heilsberg
Danzig
Elbing
Stralsund
Kolberg
Köslin
Bütow
Marienburg
Rostock
Lübeck
Kammin
Baldenburg
Marienwerder
Wismar
Güstrow
Schwerin
Schivelbein
Osterode
Parchim
Neubrandenburg
Graudenz
Lauenburg
Stettin
Stargard
Kulm
Elbe
Deutsch-Krone
Netze
Thorn
Bromberg
Perleberg
Oder
Leslau
Weichsel
Salzwedel
Warthe
Płock
Stendal
Gnesen
Berlin
Küstrin
Brandenburg
Posen
Frankfurt
Magdeburg
Łęczyca
Wollstein
Zinna
Wittenberg
Guben
Saale
Kalisch
Cottbus
Glogau
Sieradz
Halle
Torgau
Leipzig
Bautzen
Oels
Naumburg
Meißen
Görlitz
Breslau
Dresden
Erfurt
Brieg
Zittau
Zwickau
Oppeln
Beuthen
Glatz
Hof
Gleiwitz
Krakau
Karlsbad
Königgrätz
Ratibor
Eger
Prag
Elbe
Freudenthal
Mähr.-Ostrau
Troppau
Bayreuth
Bamberg
Kuttenberg
Teschen
Pilsen
Olmütz
Deutsch-Brod
Neumarkt
Nürnberg
Iglau
Kremsier
Sillein
Brünn
Regensburg
Eichstätt
Budweis
Kremnitz
Ingolstadt
Zwettl
Passau
Schemnitz
Krems
Freising
Donau
Neutra
Augsburg
Linz
Preßburg
München
St. Pölten
Wien
Deutsch-Pilsen
Gran
Salzburg
0
50
100
150 km

schen Zwängen wie dem Bevölkerungswachstum und der Einführung der Geldwirtschaft resultierende gesamteuropäische Entwicklung führte unter Mitwirkung von „Umsiedlungsmanagern", den sogenannten Lokatoren, bis weit ins 14. Jahrhundert hinein zahlreiche Menschen in die Gebiete jenseits von Oder und Weichsel. Die Ansiedlung erfolgte meist in der Nähe älterer slawischer Ansiedlungen nach den im Westen entwickelten Stadtrechten wie etwa dem Magdeburger Recht. Das typische Schachbrettmuster der Straßenzüge dieser Stadtgründungen ist oft bis heute in den nun „Altstadt" genannten Stadtteilen erhalten. Auch wenn nicht allen Neugründungen längerfristiger Erfolg beschieden war, ist doch der Aufstieg vieler heute polnischer Städte ohne diese Siedlung undenkbar. In Städten wie Danzig, Breslau, Posen oder Krakau bildete sich ein einflussreiches deutschsprachiges Bürgertum heraus, das die Entwicklung der Städte lange Zeit prägte.

Der Wanderungsprozess betraf freilich nicht nur Städte. Vor allem in Pommern und Schlesien, später auch im Territorium des Deutschen Ordens, wurden Menschen angesiedelt, die im Auftrag von Territorialherren, aber persönlich frei, bisher nicht genutztes Gelände urbar machten, rodeten, entwässerten, für die Landwirtschaft nutzten und zuweilen auch gegen Gegner sicherten. Oft wurde dabei pragmatisch-unbürokratisch verfahren. Der Abt des Klosters Heinrichau (Henryków) in Niederschlesien etwa zeigte angeblich auf einen Berggipfel im Riesengebirge als Grenze seiner Besitzungen. Dann schickte er zwei Männer dorthin, um ein großes Feuer zu entzünden. Dieses diente als Orientierungspunkt für weitere Neusiedler, die sich dorthin begaben und die Grenze genau festlegten, indem sie Bäume markierten und fällten.[2]

Einen Sonderfall stellte die Einwanderung im Westen verfolgter Juden nach Polen dar. Schon nach den Pogromen im Kontext des Ersten Kreuzzugs von 1096, verstärkt aber vom 12. bis zum 14. und nochmals im 16. Jahrhundert, nutzten viele von ihnen die liberale Politik der polnischen Herrscher, um Schutz vor Verfolgung zu suchen, auch wenn die genaue Herkunft der eingewanderten Juden bis heute umstritten ist.

Die massiven Veränderungen, die im Zuge der „Ostkolonisation" stattfanden, sollten jedoch keineswegs als einseitiger Kulturtransfer in West-Ost-Richtung verstanden werden, ergaben sich doch viele Weiterentwicklungen aus dem engen Zusammenwirken alteingesessener und

2 Das Gründungsbuch des Klosters Heinrichau. Aus dem Lateinischen übertragen von Paul Bretschneider. Breslau 1927, S. 53.

Das Kloster Heinrichau war ein Zentrum deutscher Siedlung und sozioökonomischer Modernisierung in Niederschlesien. Farbiger Kupferstich von Friedrich Bernhard Werner, 1738.

zugewanderter Bevölkerung, was bis heute in der Sprache deutlich wird. Worte wie Lehen, Rathaus oder Ritter wurden ebenso wie diverse Handwerkerbezeichnungen oder Gegenstände in die slawischen Sprachen übernommen, während im Deutschen slawische Wörter wie Grenze, Säbel oder Kretschmer Einzug fanden.

Zwischen Reformation und Teilungen: Neue Wanderungen von West nach Ost

Mit dem Voranschreiten der Reformation, aber auch bedingt durch katholische Gegenmaßnahmen, gewann die Migration in Richtung Polen-Litauen am Beginn der Frühen Neuzeit wieder an Bedeutung. Dies verband sich mit gesamteuropäischen Veränderungen in Produktion und Handel. Schon seit dem 16. Jahrhundert hatten die Herrscher Westeuropas immer aktiver in die wirtschaftlichen Strukturen ihrer Reiche eingegriffen. Geldwirtschaft und Güteraustausch bewirkten eine Intensivierung des Handels. Zentrale Kontrolle und das Streben nach größerer Effizienz sollten die Einnahmen erhöhen und den Lebensstandard nach und nach steigern. Der allmähliche wirtschaftliche Aufschwung ging jedoch an einigen Regionen komplett vorbei. Regelmäßige Hungerkrisen und Seuchen zerstörten die Existenz vieler einfacher Menschen, die oft nur noch in der Auswanderung eine Chance zu überleben sahen. Schwer davon zu trennen sind die Folgen der immer stärker aufflammenden konfessionellen Auseinandersetzungen.

Zwar wurde mit dem Augsburger Religionsfrieden von 1555 und dem Edikt von Nantes 1598 für einige Zeit eine gewisse Sicherung der religiösen Bekenntnisfreiheit erreicht. Im Kontext der Gegenreformation ging diese Toleranz jedoch nach und nach wieder verloren, während die religiös motivierte Gewalt zunahm. Ein Großteil der französischen Hugenotten verließ deswegen nach 1685 ihre Heimat, knapp fünfzig Jahre später galt Gleiches für die Protestanten aus dem Fürstbistum Salzburg. Beide Gruppen fanden Aufnahme im eher schwach besiedelten preußischen Staat. Angehörige anderer religiöser Zusammenschlüsse wie der Täufer, vor allem die Mennoniten, suchten früh Zuflucht in Polen-Litauen, wo sie weitgehende Freiheiten genossen. Als die Habsburger die Rekatholisierung Schlesiens durchsetzten, wanderten viele Protestanten ins nördlicher gelegene Großpolen aus.

Die Siedler aus dem Westen wurden im Allgemeinen als Hauländer (Holländer) bezeichnet. Sie genossen eine rechtliche Sonderstellung, waren nicht leibeigen, sondern zahlten Zins für das Stück Land, das sie in der Regel roden oder trockenlegen, in jedem Falle aber urbar machen sollten. Gut dokumentiert ist die Geschichte solcher Hauländerdörfer im Westen der heutigen Wojewodschaft Großpolen. Dazu zählt die Ortschaft Złotkowo-Hauland (später Goldau), etwa 15 Kilometer nordwestlich von Posen, die 1752 auf ehemaligem Ödland des Adligen Andrzej Wyssogota Zakrzewski rechtlich gegründet wurde.[3] Die zwölf namentlich genannten, wohl aus Norddeutschland stammenden Neusiedler wurden für sechs Jahre von allen Abgaben befreit. Sie erhielten das Land zu erblichem und frei verkäuflichem Besitz, ihnen wurde das Hüterecht in einem bestimmten Waldgebiet zugestanden (außer für Ziegen), sie durften eine eigene Schule errichten, ihre Religion frei ausüben und besaßen das Schankrecht, ein nicht

3 Zur Geschichte dieses Dorfes in der Zeit der Kolonisierung siehe Clemens Brandenburger, Das Haulaender-Dorf Goldau bei Posen. Posen 1903.

unwichtiger Wirtschaftsfaktor. Dennoch ergaben sich in den folgenden Jahren ernsthafte Konflikte, die davon zeugen, dass vor allem ökonomisch bedingte Spannungen die Schicksale der Emigranten entscheidend prägen konnten. Vierzig Jahre später saß nur noch die Familie eines der ursprünglichen Siedler auf ihrer Scholle.

Polen-Litauen erlebte in der zweiten Hälfte des 18. Jahrhunderts eine schwere Krise. Der Einfluss der Nachbarstaaten auf die inneren Verhältnisse nahm immer weiter zu, die Adligen als Entscheidungsträger waren untereinander zerstritten. Zu den Reformansätzen unter dem letzten König Stanisław August Poniatowski (1764–1795) gehörte die Übernahme merkantilistischer Prinzipien, darunter die Einwanderung in schwach besiedelte Landesteile, auch Peuplierung genannt. Die konkrete Umsetzung erwies sich jedoch bis zu den drei Teilungen von 1772, 1793 und 1795, die Polen-Litauen von der europäischen Landkarte verbannten, als äußerst mühsam. Dies hatte auch damit zu tun, dass bestimmte Akteure eher auf die Nutzung einheimischer Ressourcen setzten und eine Befreiung der Bauern anstrebten, was jedoch misslang. Erfolgreicher waren die Anwerbeversuche einzelner adliger Landbesitzer, die ihre riesigen Ländereien stärker besiedeln wollten. Dazu gehörte etwa die Familie Zamoyski, die große Flächen im Südosten Polens besaß, wo sie deutsche Kolonisten ansiedelte. Die Siedler ihrerseits hatten ein gutes Gespür dafür, ob die ihnen gegenüber gemachten Versprechungen eingehalten wurden oder nicht. Als sich z. B. zeigte, dass die Organe des unter der Protektion Napoleons errichteten Herzogtums Warschau (1807–1815) kaum Möglichkeiten hatten, die von der vorigen preußischen Besatzung ins Land geholten Einwanderer zu privilegieren, entschlossen sich viele von ihnen entweder zur Rückkehr oder zur Weiterwanderung ins russländische Bessarabien.

Generell lässt sich sagen, dass im Laufe des 18. Jahrhunderts die Ideen einer staatlichen Modernisierung im Geiste des Merkantilismus zunehmend die Unterstützung der Herrscher der mittel- und osteuropäischen Reiche fanden. Friedrich II. verordnete Preußen ein radikales Umgestaltungsprogramm, das vor allem auf eine Steigerung der Staatseinnahmen – zum Ausbau des Heeres – abzielte. Kaiserin Maria Theresia und insbesondere ihr Sohn Joseph II. strebten nach einer Vereinheitlichung der Strukturen der vielgestaltigen Habsburgermonarchie, und auch Kaiserin Katharina II.

von Russland wollte bei diesen Reformen nicht länger zurückstehen. Die Förderung des Zuzugs von Menschen gehörte zu den zentralen Aufgaben in allen drei Monarchien, weil in der Steigerung der Bevölkerungszahl das sichtbarste Zeichen für eine positive Entwicklung gesehen wurde. Dafür mussten freilich die Rahmenbedingungen stimmen, die Aufforderung zur Einwanderung propagiert und Vorteile versprochen werden. Umgekehrt musste der Druck zur Abwanderung hoch sein, wie es etwa in den 1780er Jahren in der Pfalz der Fall war, wo es zu einer Auswanderungswelle nach Galizien kam. Der Jurist und Publizist Johann Jakob Cella gelangte bei seinen Forschungen nach den Gründen zu dem Schluss: „Freylich nimmt durch unbegränzte Zertrümmerung der Grundstücke die Bevölkerung zu, weil jeder Laffe, dem kaum der Bart keimt, auf seinen spannelangen Weinberg oder Acker darauf los heyrathet, sich ein Hüttchen hinbaut und auf gut Glück Kinder in die Welt setzt."[4] In jenen Jahren gründeten deutschsprachige Siedler, deren Zahl bis 1790 auf etwa 14000 geschätzt wird und die vor allem aus der Pfalz und Schwaben, aber auch den böhmischen Ländern kamen, insgesamt 134 Ortschaften.[5]

Die Zahl deutschsprachiger Beamter im neugeschaffenen „Königreich Galizien und Lodomerien" war demgegenüber nicht so hoch, sie prägten aber in den großen Städten wie Lemberg und Krakau durchaus die Mittel- und Oberschicht. In den nächsten Generationen sollten sich deren Kinder und Enkel relativ rasch polonisieren, während die Landbevölkerung insbesondere in der heutigen Westukraine meist an den überkommenen Dialekten und Gewohnheiten festhielt. Negative Urteile über Galizien, wie wir sie aus den Landesbeschreibungen des späten 18. Jahrhunderts kennen, vermitteln einen guten Eindruck davon, wie fremd diese Regionen auf ihre neuen Bewohner wirkten.[6] Rückständigkeit und Armut der eingesessenen Bevölkerung sowie Dekadenz des polnischen Adels wurden Motive, die das Bild vom Osten bis ins 20. Jahrhundert hinein prägten, und dies nicht nur in Galizien. Die bäuerlichen Einwanderer selbst hatten für solche Überlegungen allerdings nur wenig Zeit, mussten sie doch unter nicht ganz leichten Bedingungen ihr Auskommen sichern. Der „Mythos Galizien", der sich nach dem Ersten Weltkrieg nicht zuletzt durch Schriftsteller wie Joseph Roth so erfolgreich entwickelt hat, bedarf in jedem Falle einer kritischen Würdigung.

4 Johann Jakob Cella, „Über Auswanderungssucht und Auswanderungsfreyheit der Deutschen", in: Ders., Freymüthige Aufsätze. Bd. 3, Ansbach 1786, S. 1–66, hier S. 14 f.

5 Hans-Christian Maner, Galizien. Eine Grenzregion im Kalkül der Donaumonarchie im 18. und 19. Jahrhundert. München 2007, S. 49–53.

6 So etwa bei Franz Kratter, Briefe über den itzigen Zustand von Galizien. 2 Bde., Leipzig 1786. Kritisch dazu Dietlind Hüchtker, „‚Der Schmutz der Juden' und die ‚Unsittlichkeit der Weiber'. Ein Vergleich der Repräsentationen von Armut in Stadt- und Reisebeschreibungen von Galizien und Berlin (Ende des 18./Mitte des 19. Jahrhunderts)", in: Zeitschrift für Ostmitteleuropaforschung 51 (2002), S. 351–369.

Deutsche im geteilten Polen

Als nach dem Wiener Kongress 1815 ein „Königreich Polen" unter russischer Herrschaft entstand, entschieden sich die Zaren angesichts der Bevölkerungsverluste, der tiefen Wirtschaftskrise und der massiven Probleme der Landwirtschaft erneut dazu, neue Menschen ins Land zu holen. Das Konzept der maßgeblichen Experten sah zunächst vor, die Industrialisierung voranzutreiben. Zu diesem Zweck wurde die Entstehung einer modernen Textilindustrie in Zentralpolen forciert. Mit massiver finanzieller Unterstützung des Staates und mit Hilfe diverser Einwanderungsgesetze wurden zahlreiche Einwanderer, v. a. aus Deutschland und Böhmen, angeworben, die die Gegend um Lodz bis zum Ende des 19. Jahrhunderts zum „Manchester des Ostens", zum „Gelobten Land" machten, verewigt in einem Roman von Władysław Reymont (1897) und im gleichnamigen Film von Andrzej Wajda (1974). Parallel dazu warb man intensiv um bäuerliche Zuwanderer. Dabei deckten sich die staatlichen Vorstellungen, möglichst hochqualifizierte und gutsituierte Siedler zu finden, nur selten mit der Nachfrage, waren es doch, wie das obige Zitat zeigt, eher die Folgen von Missernten und starker Zersplitterung bäuerlichen Besitzes, die dadurch verarmte Menschen zur Auswanderung bewegten. Natürlich konnten auch politisch-ökonomische Veränderungen Migrationsprozesse auslösen. Als etwa 1832 zwischen dem „Königreich Polen" und dem eigentlichen russischen Territorium eine Zollgrenze eingerichtet wurde, wanderten z. B. viele Tuchmacher aus Polen, denen der russische Markt nun verschlossen war, nach Osten weiter. Die maßgeblich von Deutschen geprägte Textilindustrie in Städten wie Białystok verdankt diesen Veränderungen ihre Entstehung.

Jenseits der Migration kleinerer und größerer Gruppen waren es auch immer wieder einzelne Familien, die aus unterschiedlichen Gründen nach Polen gekommen waren und insbesondere in den Städten prägenden Einfluss auf Wirtschaft und Kultur ausübten. Zu ihnen zählten über die Jahrhunderte bedeutende Künstler, Architekten, Verleger, Wissenschaftler und Beamte, deren Spuren oft bis zum heutigen Tage sichtbar sind. Der bekannteste von ihnen ist zweifellos der Bildhauer Veit Stoß, der aus seiner Heimatstadt Nürnberg geflohen war und zwischen 1477 und 1496 in Krakau lebte, wo er unter anderem den berühmten Marienaltar schuf. Nationale

Grenzen spielten, wie man sieht, damals keine große Rolle. Das Stadtbild Warschaus ist durch das Wirken von Baumeistern und Planern aus der Zeit beeinflusst, als zwei Könige aus der sächsischen Dynastie der Wettiner in Personalunion in Polen-Litauen herrschten. Einige Warschauer Familien gehen auf evangelische Einwanderer aus dem Westen zurück, wenngleich das vielen Polen heute gar nicht mehr bewusst ist. Zu nennen sind hier zum Beispiel die Gründer der Schokoladenfabrik Wedel, die bis heute unter diesem Namen beliebte Naschereien produziert, oder die Verlegerfamilien Sennewald, Gebethner und Wolff, die mit ihren Verlagen enorm zur Popularisierung polnischer Schriftsteller und Musik beigetragen haben. Der seit 1792 bestehende evangelisch-augsburgische Friedhof in Warschau legt bis heute von ihnen und anderen beredt Zeugnis ab.

Deutschstämmige Persönlichkeiten hinterließen auch in der polnischen Militärgeschichte tiefe Spuren. Der Titelheld der polnischen Nationalhymne, General Jan Henryk Dąbrowski, wuchs in Hoyerswerda in Sachsen auf und sprach zeit seines Lebens besser Deutsch als Polnisch, in der Sachsenzeit war die Familie Traugutt nach Polen gekommen, deren Nachkomme Romuald den gescheiterten Januaraufstand gegen die russländischen Besatzer im Jahre 1864 anführte, und die Eltern des Oberkommandierenden der polnischen Truppen an der Seite der westlichen Alliierten im Zweiten Weltkrieg, Władysław Anders, waren Deutschbalten aus Livland. Auch standen immer wieder einzelne Männer aus ostpreußischen Adelsfamilien in königlich-polnischen Diensten und lebten zumindest zeitweise am Warschauer Hof.

Mitte des 19. Jahrhunderts war die deutsche Migration nach Polen weitgehend zum Stillstand gekommen. Stattdessen suchten immer mehr Einwohner strukturschwacher Gebiete in den preußischen Ostgebieten ihr Glück in den Industrierevieren Westfalens, des Rheinlands, Sachsens und Oberschlesiens. Lediglich während der deutschen Besatzung weiter Teile Polens im Ersten Weltkrieg wurden kurzfristig noch einmal gewisse Anstrengungen unternommen, Kolonisten anzuwerben. Der neuentstandene polnische Staat hatte dann kein Interesse mehr an einer Stärkung der nun als nationale Minderheit angesehenen Deutschen, sondern war im Gegenteil eher an deren Abwanderung interessiert. Wurden laut der ersten Volkszählung von 1921 – ohne Oberschlesien – etwas über 700 000 Staatsbürger als Deutsche verzeichnet (ca. 2,8 %), waren es zehn Jahre später – inklusive

Ostoberschlesien – etwa 740 000 (ca. 2,3 % der stark wachsenden Staatsbevölkerung).[7] Anders als im Falle der Tschechoslowakei sind auch nur wenige Fälle bekannt, in denen nach 1933 Gegner der nationalsozialistischen Herrschaft nach Polen flohen. Zu ihnen zählten einige Danziger Sozialdemokraten wie Erich Brost, der jüdische Schauspieler Alexander Granach und der österreichische Dichter Franz Theodor Csokor.[8]

Zwangsmigration, Vernichtung und Deutsche im polnischen Nachkriegsstaat

Der Zweite Weltkrieg schließlich brachte einen letzten deutschen Versuch mit sich, durch gewaltige Bevölkerungsverschiebungen den neuen „Lebensraum im Osten" konzentriert mit Deutschen zu besiedeln. Ineinandergreifende Teile dieses als „Generalplan Ost" bekannt gewordenen Verbrechens unter Leitung der SS waren neben der Bereitstellung von Anreizen für die Übersiedlung von Bauernfamilien aus dem Westen vor allem die in Absprache mit Stalin erfolgte Zwangsumsiedlung deutscher Bevölkerungsgruppen aus Ost- und Südosteuropa, darunter aus dem Baltikum und der Ukraine. Quasi als Voraussetzung dafür kam es zur Entrechtung, Ausplünderung, Zwangsumsiedlung und Ermordung von Polen und zur Ermordung der europäischen Juden in den auf polnischem Gebiet gelegenen Vernichtungslagern. Diese Verbrechen bildeten den dramatischen Abschluss eines Jahrtausends deutscher Einwanderung nach Polen. Waren die Deutschen die meiste Zeit über als Träger des Fortschritts betrachtet und meist freundlich begrüßt worden, standen sie nun als Synonym für Gewaltherrschaft und Terror. Grenzverschiebungen sowie Flucht und Vertreibung der deutschstämmigen Bevölkerung in den Jahren 1945 bis 1950 waren letztlich die logische Konsequenz dieser Taten, auch wenn sie meistenteils die eigentlich Verantwortlichen gar nicht trafen. Die genauen Zahlen der nach 1945 im polnischen Staat lebenden Deutschen sind mit großer Vorsicht zu genießen. Deutlich wurde dies auch daran, dass sich bei den diversen Ausreisewellen bis 1989 immer wieder Menschen fanden, die auf ihre deutschen Wurzeln Bezug nahmen. Bei der Volkszählung von 2011 bezeichneten sich bei einer Gesamtbevölkerung von etwa 38,3 Millionen noch 148 000 Menschen in Polen als Deutsche.[9]

7 Pierwszy Powszechny Spis Rzeczypospolitej Polskiej z dnia 30 września 1921 roku. Warszawa 1927, S. 56, bzw. Drugi Powszechny Spis Ludności z dn. 9 XII 1931 r. Warszawa 1938, S. 15.

8 Marek Andrzejewski, „Zum Exil deutscher Intellektueller in Polen", in: Marion Brandt (Hg.), Grenzüberschreitungen: Deutsche, Polen und Juden zwischen den Kulturen (1918 – 1939). München 2006, S. 143 – 156.

9 Wyniki Narodowego Spisu Powszechnego Ludności i Mieszkań 2011. Warszawa 2012, S. 18.

Entgegen der allgemeinen Wahrnehmung sind Migrationsprozesse letztlich nicht automatisch dauerhafte Veränderungen des Lebensmittelpunkts in eine Richtung. Wir wissen nicht erst in der Gegenwart, in der moderne Verkehrsmittel und die elektronische Vernetzung langfristigen Trennungen ihre Bedrohlichkeit weitgehend genommen haben, dass Umzüge von A nach B häufig nur zeitweiliger Natur sind. Ein Auswanderer nach Polen konnte manchmal regelmäßig an den alten Wohnort zurückkehren, die Migration komplett abbrechen oder nach kurzer Zeit weiter an einen neuen Bestimmungsort ziehen. Dies mag nicht so extrem gewesen sein wie in der umgekehrten Richtung, wo saisonale Wanderungen bis zum heutigen Tage Normalität darstellen, dennoch blieben familiäre Verbindungen erstaunlich oft eine ganze Weile erhalten, wie Briefe von deutschen Auswanderern zeigen. Sie illustrieren auch, dass bei allen Konflikten, Schwierigkeiten und Nöten ein friedliches Zusammenleben von Menschen verschiedener Nationalitäten eher die Regel als die Ausnahme darstellte.

Migration von Polen nach Deutschland

Peter Oliver Loew

Seit Jahrhunderten leben Polinnen und Polen in deutschen Staaten, wandern polnischsprachige Menschen in mehrheitlich deutschsprachige Gebiete. Sie sind in Summe die größte Zuwanderergruppe der deutschen Geschichte und heute (2015) die zweitgrößte Migrantengruppe in Deutschland. Bei so enger Nachbarschaft zwischen Deutschen und Polen wäre alles andere auch verwunderlich. Dennoch hat die deutsche Öffentlichkeit die Zuwanderung von Polen oft nur am Rande oder nur für kurze Zeit wahrgenommen, dann nämlich, wenn – etwa als (Spät-)Aussiedler am Ende der 1980er Jahre – auf einen Schlag große Gruppen kamen oder wenn polnische Migranten sich regional konzentrierten – zum Beispiel im Ruhrgebiet. In der Regel integrierten sich Polen in deutschen Landen jedoch gut in die Mehrheitsgesellschaft und waren bald schon kaum mehr als „Fremde" erkennbar: Sie sehen den Deutschen nicht nur äußerlich ähnlich, sondern fallen auch beim Essen oder bei der Freizeitgestaltung nicht aus dem gewohnten deutschen Rahmen. Nur am Namen oder am Tonfall merkt man gelegentlich, dass ihre Wiege anderswo stand. Im Großen und Ganzen aber sind und bleiben Polen in Deutschland zwischen all den anderen Zuwanderergruppen die „Unsichtbaren".

Königstöchter und Bauernsöhne: Der Beginn polnische Zuwanderung

Schon im Mittelalter waren Polen in deutschen Staaten nichts Außergewöhnliches: An deutschen Fürstenhöfen etwa waren polnische Prinzessinnen als standesgemäße Ehepartnerinnen gefragt, und zwar sowohl solche aus der Dynastie der Piasten als auch später solche der Jagiellonen. Besonders die Töchter des kinderreichen polnischen Königs Kasimir IV. wurden mit glänzenden Festen an deutsche Herzöge verheiratet – in Leipzig, Frankfurt an der Oder oder auch in Landshut: Hier traf 1475 Prinzessin Jadwiga (Hedwig) ein, um mit Herzog Georg „dem Reichen" von Bayern verehelicht zu werden. Die Hochzeit wurde mit größtem Prunk und Tausenden von Gästen gefeiert, was Zeitgenossen und Nachwelt aufs Höchste beeindruckte: Seit mehr als hundert Jahren wird diese „Landshuter Hochzeit" am Ort des Geschehens in Form eines historischen Umzugs nachgespielt.

Es wanderten jedoch nicht nur adlige Fräulein in deutsche Territorien, sondern auch Gelehrte, Söldner, Kaufleute, Studenten, Rabbiner und viele andere mehr, deren Spuren sich im Dunkel der Geschichte oft verlieren. Nur in einem Fall gab es bis ins 19. Jahrhundert eine Massenzuwanderung von Polen in einen deutschsprachigen Staat – die Besiedlung des südlichen Preußenlandes durch polnischsprachige Masuren: Bis ins 20. Jahrhundert bewahrten sie sich als bäuerliche Bevölkerung ihre Sprache, selbst wenn sie seit der Reformation protestantisch waren und mit dem katholischen Polen wenige Gemeinsamkeiten verspürten. Und nur in einer einzigen deutschen Stadt entstand so etwas wie eine polnische Kolonie – im 18. Jahrhundert in Dresden. Hier stellten sich, solange die sächsischen Wettiner auch die polnische Königskrone besaßen, zahlreiche Vertreter des polnischen Adels ein, am Hof ebenso wie in der Armee. Doch auch nach dem Verlust der polnischen Krone blieb Dresden Anziehungspunkt für Zuwanderer aus Polen, vor allem wenn sie in Opposition zu den jeweiligen Herren in War-

Alle vier Jahre spielen tausende Darsteller die prächtige Landshuter Hochzeit von 1475 nach.

schau standen: Der polnische Nationaldichter Adam Mickiewicz fand hier 1832 für viele Wochen die Ruhe, die er brauchte, um den dritten Teil seines großen Dramas *Die Totenfeier* zu schreiben, und der Romancier Józef Ignacy Kraszewski hielt sich gar zwei Jahrzehnte in der Elbmetropole auf.

Für die Gegenwart von Polen in deutschen Staaten bedeuteten die Teilungen Polens am Ende des 18. Jahrhunderts einen fundamentalen Wandel: Nachdem Preußen und das Habsburgerreich große Teile Polen-Litauens einkassiert hatten und auch nach den napoleonischen Kriegen und dem Wiener Kongress zum Teil behalten durften, lebten Millionen von Polen in den von Wien und Berlin aus regierten Herrschaftsgebieten. Das machte sie nicht zwangsläufig zu Migranten, denn nicht sie, sondern die Grenze war ja gewandert, doch es sollte Migration innerhalb der Staatsverbände erheblich erleichtern: Anders als bei der Zuwanderung aus dem Ausland waren bei Binnenmigration keine Pässe, Arbeitsgenehmigungen und viele sonstige lästige Dinge nötig. Und so setzte eine polnische Wanderungsbewegung ein, erst noch ein schmales Bächlein, schließlich vor dem Ersten Weltkrieg ein breiter Strom. Zunächst waren es eher Angehörige der Eliten, die sich in Berlin (wie auch in Wien) niederließen, um am Hofleben teilzuhaben – berühmt in der Hohenzollernmetropole die Geschlechter Radziwiłł und Raczyński –, um zu studieren oder um sich in die Politik einzumischen: Im preußischen Landtag, später – ab 1871 – auch im Deutschen Reichstag saßen polnische Abgeordnete aus den mehrheitlich polnischsprachigen Ostprovinzen.

Massenmigration im Kaiserreich

Im 19. Jahrhundert vergrößerte sich aber auch die Mobilität der Mittel- und Unterschichten, vor allem durch die Eisenbahn. Und so war es immer leichter, als polnisches Dienstmädchen in Berlin in Stellung zu gehen oder als Arbeiter in Leipzig ein paar Mark zu verdienen. Während sich immer größere Bevölkerungsgruppen der strukturschwachen preußischen Ostprovinzen auf den Weg nach Westen machten, begannen die Gutsbesitzer in Mittel- und Ostdeutschland zu klagen, da ihnen zunehmend Arbeitskräfte fehlten. Sie fanden schließlich willkommenen Ersatz in Gestalt polnischer (und ukrainischer) Landarbeiter aus dem russischen und österreichischen Teilungsgebiet Polens: Als „Sachsengänger“ zogen in der zweiten Jahrhunderthälfte bis zum Ersten Weltkrieg Jahr für Jahr Hunderttausende von Auslandspolen in die Rübenanbaugebiete, wo sie jedoch nur als Saisonarbeiter geduldet waren; nach Ende der Erntezeit mussten sie nach Hause fahren. Auch setzten sich Hunderttausende von Juden aus dem östlichen Europa, oft aus polnischen Gebieten, in Bewegung, meist im Zuge der Überseeauswanderung nach Nordamerika, doch viele zehntausend siedelten sich im Deutschen Reich an, wo sie in Berlin (Scheunenviertel) als Zuwanderergruppe auch deutlich sichtbar waren.

Es waren jedoch die „Ruhrpolen“, die zur bekanntesten Gruppe polnischer Zuwanderer in deutschen Territorien wurden. Nicht nur die ostelbischen Güter, sondern auch die boomende Schwerindustrie, die Zechen, Kokereien und Gießereien vor allem an Rhein und Ruhr suchten seit den 1880er Jahren händeringend nach Arbeitern. Angesichts der geringen Verdienstmöglichkeiten in den Provinzen Posen, Schlesien, West- und Ostpreußen folgten Hunderttausende polnischsprachiger Menschen den Lockrufen der Industrie: Bis 1914 wuchs die Zahl der „Ruhrpolen“ auf etwa eine halbe Million, in Städten wie Recklinghausen, Herne oder Gelsenkirchen stellten sie schließlich um die 20 Prozent der Einwohnerschaft. Die Polen – zu einem Drittel protestantische Masuren – lebten in der Zuwanderergeneration meist in großer Enge in eigens errichteten Zechensiedlungen, wo sich oft polnische Subkulturen entwickelten, was die deutschen Zeitgenossen naserümpfend zur Kenntnis nahmen. Die soziale Stigmatisierung der Zuwanderer, aber auch der politische Druck auf die Polen im Kaiserreich führte zu raschen Akkulturations- und Assimilationsprozessen: Obwohl sich ein ganzes Netz polnischer Organisationen von Gesang- und Kirchenvereinen über Banken und Zeitungen bis hin zu einer eigenen Gewerkschaft entwickelte, war die zweite, bereits in Deutschland aufgewachsene Generation sehr gut in die Mehrheitsgesellschaft integriert, wobei Schulen und Vereine (Fußball!) eine wichtige Rolle spielten, aber auch der Wunsch, ethnischer Separation und dem elterlichen „Mief" zu entkommen.

Ähnlich verhielt es sich mit polnischen Erwerbszuwanderern in anderen Gebieten Deutschlands: Überall dort, wo Arbeiter gebraucht wurden, traf man in Deutschland vor dem Ersten Weltkrieg Polen an, vor allem in Preußen und in den nördlichen, weniger in den süddeutschen Ländern. Vom Braunkohletagebau in der Niederlausitz bis zu den Wollkämmereien in Hamburg oder Delmenhorst, von der Schwerindustrie in Mannheim/Ludwigshafen bis zum Bau des Nord-Ostsee-Kanals, von der chemischen Industrie in Bitterfeld bis zu den Werften in den Küstenstädten – überall waren polnische Hände am Werk. Mit dieser proletarischen Zuwanderung wollten die Vertreter intellektueller und künstlerischer Eliten allerdings nur wenig zu tun haben, ihre gesellschaftlichen Bezugspunkte waren ganz andere: Der Dichter Stanisław Przybyszewski suchte in seinen langen Berliner und Münchener Jahren vor allem Kontakt zur internationalen Künstlerbohème, die vielen polnischen Maler, die sich – wie Józef Brandt – rund um die Münchener Kunstakademie scharten, malten zwar gerne polnische Stoffe, schielten aber vor allem auf den nationalen und internationalen Kunstmarkt, die Musiker erhofften sich in Berlin oder Leipzig vor allem eine hervorragende Ausbildung.

Der Erste Weltkrieg änderte vieles: Auf der einen Seite diente die Armee als weiteres Vehikel zur Integration von Polen in preußisch-deutsche Lebenswelten – schon in Friedenszeiten waren Jahr für Jahr mehrere zehntausend Polen als Rekruten eingezogen worden, nun kämpften sie an allen Fronten des Kriegs, etwa 110000 Polen ließen dabei unter schwarz-weiß-roter Fahne ihr Leben. Gleichzeitig hielten sich bei Kriegsende gut eine halbe

Million zur Arbeit angeworbene Auslandspolen im Reich auf – nicht immer ganz freiwillig, oft aber zufrieden, jenseits der Kampfgebiete zumindest ihr Leben nicht aufs Spiel setzen zu müssen.

Prekäre Existenz und rasche Integration

Nachdem Deutschland durch den Versailler Vertrag große Teile der polnisch bevölkerten Ostgebiete an das neue, entstehende Polen abgeben musste, schrumpfte die polnischsprachige Bevölkerung stark, wodurch zwangsläufig auch die polnische Binnenwanderung innerhalb Deutschland stark zurückging, ja Zehntausende von Polen entschlossen sich angesichts von Wirtschaftskrise und deutsch-polnischer Rivalität gar zur Übersiedlung ins neue Polen. Erst als sich die Konjunkturlage verbesserte, vor allem dann durch die Rüstungsinvestitionen im „Dritten Reich", verstärkte sich wieder der Arbeitskräfteabfluss, besonders aus Masuren, auch wenn der Anteil der Polnischsprachigen unter den Masuren rasch zurückging. Insgesamt erodierten die polnischen Milieus in Deutschland schnell, durch die immer ungünstigere Altersstruktur ebenso wie durch behördlichen Druck. Das zeigte sich auch, als ein reichsweiter „Bund der Polen in Deutschland" gegründet wurde: 1938, 16 Jahre nach seiner Entstehung, gehörten ihm etwa 30 000 Mitglieder an, maximal zwei Prozent der in Deutschland lebenden Polnischsprachigen. Selbst als das Dritte Reich und Polen 1934 ein Nichtangriffsabkommen schlossen und die NS-Führung zumindest so tat, als würde ihr an einer Annäherung an den östlichen Nachbarn liegen, änderte sich an der oft schwierigen Situation von Polen im Reich wenig. Diskriminierung war an der Tagesordnung, und nur wenn man wie Pola Negri oder Jan Kiepura ein UFA-hofierter Leinwandstar war, konnte man mit der Sympathie der Massen rechnen.

Zwangsarbeiter und Displaced Persons: Der Krieg und seine Folgen

Der Zweite Weltkrieg löste neue Massenwanderungen von Polen nach Deutschland aus – Zwangsmigrationen in einem bis dahin ungekannten Ausmaß. Das betraf in erster Linie die Zwangsarbeiter: Insgesamt dürften

Polnische Zwangsarbeiter in Pommern mit dem polizeilich vorgeschriebenen „P", dem Kennzeichen für Polen, an der Jacke.

zwischen 1939 und 1945 2,8 Millionen Polen über kürzere oder längere Zeit innerhalb der Reichsgrenzen gearbeitet haben, gleichzeitig hielten sich bis zu 1,6 Millionen Polen als Arbeitssklaven in Deutschland auf, in der Landwirtschaft ebenso wie in der Industrie, teils schlecht behandelt und diskriminiert. Hunderttausende von Polen kamen in die NS-Konzentrationslager im Reich. Für jüdische Polen handelte es sich oft um eine Migration ohne Umkehr – um die Deportation in Ghettos und Vernichtungslager, von denen sich einige wie das Ghetto Lodz/Litzmannstadt oder das KZ Auschwitz-Birkenau innerhalb der neuen „großdeutschen" Reichsgrenzen befanden. Wie schon im Ersten Weltkrieg wurden auch jetzt wieder Hunderttausende Polnisch-Muttersprachler in die Wehrmacht eingezogen, vielleicht bis zu einer halben Million.

Als der Krieg zu Ende ging, herrschte in den vier Besatzungszonen Deutschlands ein heilloses Durcheinander: Millionen obdachlos gewordener, ausgebombter Menschen, Flüchtlinge und Vertriebene aus dem

Osten suchten eine neue Heimat, mussten verpflegt und untergebracht werden – und daneben etwa acht Millionen ehemalige Zwangsarbeiter, KZ-Insassen und Kriegsgefangene: Etwa 1,7 Millionen davon waren Polen. Diese „Displaced Persons" (DP) gelangten in der Regel in Lager – einstige Kasernen, Fabrikgebäude und Behörden, aber wo es an Infrastruktur fehlte, griff man auch zu rabiateren Mitteln: Im Emsland wurde das Städtchen Haren geräumt und als „Maczków" nicht nur polnisch besiedelt, sondern auch Zentrum eines eigenen polnischen Besatzungsgebiets in Deutschland. Erst 1948 durften die deutschen Einwohner wieder in ihre Häuser ziehen. Zu diesem Zeitpunkt waren viele der polnischen (bzw. polnisch-jüdischen) DPs entweder zurück nach Polen gegangen oder von den Westalliierten nach Großbritannien, Nordamerika oder Palästina gelassen worden, doch blieben nicht wenige in Westdeutschland „hängen", 1951 waren es noch 80 000. Sie arbeiteten zum Teil als Wachmannschaften für die britische oder die US-Armee, nicht selten bis in die 1980er Jahre, viele blieben staatenlos.

Angesichts der tragischen Kriegsereignisse und der vielen gegenseitigen Vorbehalte von Deutschen und Polen taten sich Polen nach dem Krieg in beiden deutschen Staaten schwer: Aus freien Stücken ein Leben im Land der Täter zu führen, war für viele undenkbar. Doch manchmal ließ es sich nicht anders einrichten: Radio Free Europe etwa, der CIA-Propagandasender für das kommunistische Europa, hatte seinen Sitz in München, und so fand sich hier eine erkleckliche Gruppe polnischer Intellektueller zusammen, die von der Isar aus auf Polnisch nach Polen funkten. Ansonsten ließen sich polnische Künstler und Denker nur selten auf Dauer in Deutschland nieder, auch wenn die wirtschaftlich prosperierende Bundesrepublik künstlerische Betätigung nicht nur durch Anerkennung, sondern auch mit harter D-Mark honorierte: Polnische Regisseure, Schriftsteller, bildende Künstler, Musiker und Denkmalpfleger wussten das zu schätzen, wobei freilich die Möglichkeit, Anschluss an neue künstlerische Strömungen zu finden, oft noch wichtiger war. Darüber hinaus bauten sich mit der Zeit eine Reihe von Menschen aus Polen in Deutschland eine neue Heimat auf, die eigentlich guten Grund gehabt hätten, das Land zu meiden – jüdische Polen, oft Überlebende des Holocaust. Der Kritiker Marcel Reich-Ranicki, der Schriftsteller Jurek Becker, der Filmproduzent Artur Brauner – sie und viele andere prägten die deutsche Nachkriegskultur maßgeblich, ähnlich wie Intellektuelle, die eine vorwiegend deutsche Biographie mit polnischen Einsprengseln besaßen oder den verlorenen deutschen Osten mit seinen komplexen deutsch-polnischen Gemengelagen beschrieben: Günter Grass, Siegfried Lenz, Horst Bienek und viele andere mehr.

Die „Unsichtbaren“: Neue Massenzuwanderung der letzten Jahrzehnte

Es dauerte nach dem Krieg nicht lange, ehe eine neue Migrationswelle aus Polen vor allem nach Westdeutschland einsetzte: Da nach dem Krieg Teile der ansässigen Bevölkerung etwa in Oberschlesien oder im einstigen Ostpreußen geblieben waren, teils aus freien Stücken, teils weil sie von den polnischen Behörden keine Ausreisegenehmigung erhielten, gab es von Seiten der Bonner Regierung immer wieder Versuche, diesen Menschen die Ausreise zu ermöglichen: Grundgesetz und Bundesvertriebenengesetz regelten den Zuzug von Aussiedlern „deutscher Volkszugehörigkeit“. Je größer der Abstand zum Kriegsende wurde, desto häufiger waren die Aussiedler jedoch in einem polnischen Umfeld aufgewachsen, und als die wirtschaftliche Lage in Polen in den 1980er Jahren katastrophal war, nutzten viele Polen die Tatsache, einen Opa (oder eine Oma) mit deutschem Pass gehabt zu haben, dazu, ein Schlupfloch durch den Eisernen Vorhang in die prosperierende Bundesrepublik zu finden. Insgesamt kamen seit 1950 etwa 1,4 Millionen Aussiedler aus Polen nach Westdeutschland (und weitere „Übersiedler“ in die DDR), alleine zwischen 1988 und 1990 gut eine halbe Million: Auch wenn sie eine polnische Identität besaßen, waren sie ja formell als Angehörige der „deutschen Minderheit“ ausgereist, was häufig zu einem regelrechten identitären Wirrwarr führte: Man sprach in der Öffentlichkeit Deutsch, auch um befürchteter Diskriminierung zu entgehen, daheim aber Polnisch, versuchte die Kinder möglichst rasch in die deutsche Gesellschaft hineinwachsen zu lassen – und machte sich somit zumindest nach außen hin als Pole in Deutschland „unsichtbar“. Aufgrund der guten Wirtschaftslage fanden die meisten von ihnen Arbeit, wenn auch nicht selten unterhalb der eigenen Qualifikation. Weitere 200 000 Menschen kamen in den 1980er Jahren als politische Flüchtlinge und Asylbewerber nach Westdeutschland und gerne auch nach West-Berlin, wo sich seit dieser Zeit wachsende polnische Communities gebildet haben.

Egon Krenz, Mitglied des ZK der SED, 1974 im Gespräch mit zwei polnischen Vertragsarbeiterinnen im Chemiefaserkombinat Schwarza.

In der DDR hielten sich übrigens nur vergleichsweise wenige Polen auf – vor allem als seit dem Mauerbau Arbeitskräfte zu fehlen begannen, wurden Vertragsarbeiter angeworben, zeitweise mehr als 10 000, dazu halfen Saisonarbeiter auf dem Bau oder in der Landwirtschaft aus. Aber auch für saisonale Beschäftigung war die Bundesrepublik der bei weitem attraktivere Arbeitsplatz: Seit den 1980er Jahren stieg die Zahl vor allem in der Landwirtschaft eingesetzter polnischer Arbeitskräfte stark an, um zu Beginn des 21. Jahrhunderts mehr als 300 000 zu erreichen (das sind die offiziellen Zahlen, Schwarzarbeit war weit verbreitet). Seit dem EU-Beitritt Polens am 1. Mai 2004 sinkt die Zahl polnischer Erntehelfer im Spargel-, Erdbeer- oder Traubenanbau wieder. Überhaupt führten die Aufhebung des Visumzwangs und später die Öffnung der Grenzen zu einem Anstieg polnischer Migration nach Deutschland: Bauarbeiter, Pflegekräfte und Putzfrauen sind heute aus deutschen Haushalten und von deutschen Baustellen kaum mehr wegzudenken. Alleine in Berlin, das von der Nähe zur Grenze profitiert, soll

Kaum hatte Polen die Ausreise von Staatsbürgern nach Deutschland erleichtert, entstand in West-Berlin direkt an der Mauer der „Polenmarkt". Wie auf diesem Foto vom November 1989 herrschte hier viele Monate lang reges Treiben.

es rund 100 000 polnische Putzfrauen geben. Die guten Verdienstmöglichkeiten und die stabilen sozialen Systeme machen Deutschland aber auch als Arbeitsmarkt für anspruchsvollere Tätigkeiten attraktiv. Und so wächst die Zahl der in Deutschland lebenden Polen von Jahr zu Jahr. Ende 2014 waren in Deutschland 674 000 Menschen mit polnischer Staatsangehörigkeit gemeldet, 70 000 mehr als im Jahr zuvor. Dazu kommen Angehörige früherer Migrationswellen (Aussiedler, Asylbewerber) und eine erhebliche Dunkelziffer, sodass man davon ausgehen kann, dass in Deutschland gegenwärtig etwa zwei Millionen Menschen leben, die einen polnischen Pass haben, aus Polen nach Deutschland gewandert sind oder zumindest ein Elternteil besitzen, das aus Polen stammt. Nicht alle von ihnen verstehen sich als Polen, manche empfinden sich in erster Linie als Oberschlesier, andere als Deutsche, vor allem jüngere Zuwanderer versuchen, beide Identitäten miteinander zu vereinen.

Trotz ihrer großen Zahl sind die in Deutschland lebenden Polen aber immer noch die großen „Unsichtbaren“: Anders als Türken, Italiener oder Griechen haben sie kaum eine eigene ethnische Infrastruktur ausgebildet, sind auch nicht auf den ersten Blick als Fremde zu erkennen. Es hat aber den Anschein, als würde sich das langsam ändern: Je mehr Polen in Deutschland aufwachsen, dabei aber eine polnische Teilidentität bewahren und diese in die deutsche Öffentlichkeit einbringen – sei es als Politiker, als Schriftsteller oder als Journalist –, desto sichtbarer wird der polnische Anteil an der bundesdeutschen Gesellschaft werden. Wahrscheinlich wird erst dann deutlich, wie viel Polnisches unsere deutsche Gegenwart prägt, und das nicht erst seit wenigen Jahren, sondern seit Jahrhunderten.

Rosa Luxemburg – in Deutschland verehrt, in Polen verachtet?

Matthias Barełkowski

„Wenn trotz alledem die seit dreißig Jahren eingefrorenen Trompetentöne der polnischen Aufstände plötzlich im Jahre 1893 aufgetaut und in die Ohren der Anhänger des Sozialpatriotismus gedrungen sind, so ist das lediglich einer Illusion ihres politischen Gehörs zuzuschreiben. In der wirklichen Natur geschah ein solches Wunder nicht. In der Wirklichkeit denkt jetzt keine der politisch herrschenden Klassen an die Wiederherstellung Polens. Und das polnische Proletariat – das Proletariat kann eben auch nur auf dem Rad der Geschichte vorwärtskommen, nicht aber dasselbe rückwärts umdrehen.“[10]

Kennt man ein wenig die patriotische Begeisterung der Polen für ihr Land, die bis heute andauert, dann verwundert es nicht, dass Rosa Luxemburg in Polen nicht gerade beliebt ist und in keiner Weise geehrt wird. In Deutschland wird sie es im linken Milieu dafür umso mehr. Eine

10 Rosa Luxemburg, „Neue Strömungen in der polnischen sozialistischen Bewegung in Deutschland und Österreich“, in: Gesammelte Werke. Berlin 1970, Bd. 1/1, S. 14 – 36, hier S. 33 f.

politische Stiftung ist nach ihr benannt, der Platz, an dem „Die Linke" in Berlin ihren Hauptsitz hat, ebenso wie ein Berliner Gymnasium. Margarethe von Trotta hat 1985 einen berühmt gewordenen Spielfilm über ihr Leben gedreht, und jedes Jahr am 15. Januar, dem Tag ihrer Ermordung, findet traditionell ein großer Demonstrationszug zu ihrem Grab in Berlin-Friedrichsfelde statt. Wie konnte es zu einer solch unterschiedlichen Bewertung kommen?

Geboren 1871 in einer jüdischen Familie in Zamość im zu Russland gehörenden Teil Polens, konnte Rozalia Luksenburg – so ihr Geburtsname – auf Grund ihrer Begabung ein Gymnasium in Warschau besuchen, wo sie 1888 das Abitur mit Bestnote ablegte. Wegen oppositioneller Tätigkeit musste sie aber noch im selben Jahr die Flucht in die Schweiz antreten, studierte dort Ökonomie, Geschichte, Recht und Philosophie, promovierte und engagierte sich weiter in marxistischen Kreisen. Anschließend von Berlin aus als Redakteurin und Publizistin tätig, entwickelte sie eigene theoretische Vorstellungen über die Entwicklung der Arbeiterbewegung und die (bevorstehende) internationale Revolution, die sie scharfzüngig und geschickt zu vertreten wusste. Diese Vorstellungen waren es wohl auch, die sie von ihrer polnischen Heimat entfremdeten bzw. die Zeichen der Zeit falsch verstehen ließen. Zwar war sie an der Gründung der polnischen Sozialdemokratie beteiligt, setzte aber bald deren Spaltung ins Werk – durch die Gründung einer eigenen Partei (Sozialdemokratie des Königreiches Polen, SDKiP), die anders als die Polnische Sozialistische Partei (PPS) von Józef Piłsudski für eine internationale Revolution des Proletariats kämpfte und deshalb die Wiedererrichtung eines polnischen Staates als überflüssig ansah. Konsequent bekämpfte sie deshalb mit ihren Genossen die Linie der PPS als falschen „Sozialpatriotismus", was ihr in Polen jedoch kaum Anhänger einbrachte, sondern vor allem zu antisemitischen Attacken seitens der rechten Nationaldemokraten führte.

Rosa Luxemburg, 1914.

Ihre eigentliche Karriere startete sie jedoch in Deutschland, wo sie zwar der SPD angehörte, aber gegen den „Reformsozialismus" Eduard Bernsteins und der „Revisionisten" anging, denen sie vorwarf, auf die Revolution verzichten und Reformen zum Selbstzweck erheben zu wollen.

Konsequent internationalistisch, warnte sie frühzeitig vor einem Weltkrieg, der die Arbeiter der einzelnen Länder gegeneinanderhetzen würde, musste dann aber doch ohnmächtig mit ansehen, wie die SPD-Fraktion im Reichstag 1914 geschlossen für die Kriegskredite stimmte. Sie selbst verbrachte den Krieg fast durchgängig im Gefängnis, wurde sie doch als gefährliche Gegnerin des Kaiserreiches eingestuft. Gemeinsam mit Karl Liebknecht und anderen linken Sozialdemokraten gründete sie dann 1918 den „Spartakusbund", der am 1. Januar 1919 unter Beibehaltung des von Luxemburg verfassten Programms in der KPD aufging. Kurz darauf wurden sie und Liebknecht in Berlin von rechtsgerichteten Freikorpssoldaten ermordet.

Seitdem wird sie als Gründermutter und Patronin der KPD verehrt, in deren Traditionslinie sich viele Linke bis heute sehen. In der DDR gehörte der Kult um ihre Person unter Ausblendung aller kritischen Äußerungen – etwa zur „Diktatur des Proletariats" oder zum Umgang mit „Andersdenkenden" – zur Staatsräson. Dass ausgerechnet die Offiziersschule der DDR-Grenztruppen in Suhl nach ihr, die so vehement gegen Grenzen gekämpft hatte, benannt wurde, entbehrt nicht einer gewissen Tragik und Ironie. Zugleich kam durch das Vehikel der Luxemburg-Forschung aber auch eine deutsch-polnische wissenschaftliche Zusammenarbeit zustande – etwa bei der Edition der Briefe zwischen Luxemburg und ihrem langjährigen Lebensgefährten Leo Jogiches oder bei der Aufnahme deutscher linker Biographien in die polnischen Nachschlagewerke.

Heute stehen in Deutschland wieder mehr ihre Schriften zu Staat, Politik und Ökonomie im Vordergrund der andauernden Beschäftigung mit „Rosa", während sie in Polen praktisch vergessen ist oder nach wie vor als „Verräterin" angesehen wird. Holger Politt bringt es auf den Punkt, wenn er feststellt: „Ihr frühes, nachvollziehbares Scheitern an den Unwägbarkeiten der nationalen Frage der Polen bedingte vielleicht jene Leistungen, für die sie heute weithin gewürdigt wird."[11]

11 Holger Politt, „Die polnische Frage bei Rosa Luxemburg", in: UTOPIE kreativ Heft 129/130 (2001), S. 604 – 613, hier S. 613.

Die Münchner Polenschule

Anna Baumgartner

„Teure Eltern! Nun bin ich am Ziel meiner bisherigen Bestrebungen, in jenem Athen der heutigen Kunst, das so besungen wird von den reisenden Künstlern [...]. [...] [A]lles hier atmet Kunst und lebt mit ihr im engsten Kontakt. Es fällt nicht schwer, ein wunderbares Fresko oder eine kunstvolle Skulptur zu finden, sogar über einer einfachen Schenke oder Brauerei – was soll ich da erst über die Galerien sagen?“[12]

Mit diesen Worten leitete der 21-jährige, gerade nach München zum Studium an der Akademie der Bildenden Künste eingetroffene Maksymilian Gierymski am 4. Juni 1867 den ersten Brief an seine in Warschau verbliebenen Eltern ein. Auch wenn viele Aussagen polnischer Künstler in späteren Jahren Klagen über die Provinzialität der bayrischen Hauptstadt beinhalteten und gerade der Kunsttheoretiker Stanisław Witkiewicz 1903 rückblickend fragte: „Wozu fuhren wir eigentlich dorthin?“[13], steht die oft zitierte Aussage Maks Gierymskis doch beispielhaft für die Anziehungskraft, die München im 19. Jahrhundert auf polnische Künstler ausübte. So gilt die Bedeutung dieser Stadt für die Entwicklung der polnischen Malerei in Polen als unumstrittene Tatsache. Fast alle wichtigen Maler des 19. Jahrhunderts hielten sich mindestens für einige Monate, wenn nicht gar Jahre im seit dem Kunstprotektorat Ludwigs I. kulturell und wirtschaftlich prosperierenden München auf. An der Akademie oder einem der zahlreichen privaten Ateliers vervollständigten sie ihre künstlerische Ausbildung, nahmen am regen Ausstellungswesen teil oder schulten das Auge an den bedeutenden Sammlungen der Alten und Neuen Pinakothek.

Die polnische Forschung konnte für den Zeitraum von 1828 – dem Jahr, als sich der erste Pole an der Akademie einschrieb – bis zum Ausbruch des Ersten Weltkrieges 1914 über 700 polnische Kunstschaffende, darunter rund 330 Studenten, nachweisen, deren Werdegang mit der bayrischen Hauptstadt verknüpft ist. Sogar der bis heute wohl bekannteste Künstler Jan Matejko weilte 1858 für einige Monate an der berühmten, 1808 gegründeten Akademie, auch wenn er sich über den „unendlich langweilig[en]“ und „zu schwerfällig[en]“ Unterricht beklagte[14] und lieber sofort nach Frankreich gereist wäre.

12 Juliusz Starzyński / Halina Stępień (Hg.), Maksymilian i Aleksander Gierymscy. Listy i notatki (= Teksty źródłowe do dziejów teorii sztuki, t. 20). Wrocław – Warszawa – Kraków – Gdańsk 1973, S. 3. Alle Zitate aus dem Polnischen, wenn nicht anders vermerkt, übersetzt durch die Autorin dieses Textes.

13 Stansław Witkiewicz, Aleksander Gierymski. Warszawa 1950, S. 11.

14 Jan Matejko an Leopold Serafiński, München, den 8. März 1859, in: Przegląd Polski 1894, S. 477. Zit. nach Dariusz Konstantynów, „Polnische Künstler in München“, in: Tür an Tür. Polen – Deutschland. 1000 Jahre Kunst und Geschichte, Ausst.-Kat. Martin-Gropius-Bau Berlin 2011, S. 462 – 467, hier S. 464.

Dass es so viele Polen vor allem in der zweiten Hälfte des Jahrhunderts nach München zog, lag neben der zunehmenden Attraktivität der Stadt auch an der Situation in Polen, das seit 1795 zwischen Russland, Preußen und Österreich aufgeteilt war und um nationale Unabhängigkeit kämpfte. Das liberale Bayern bot gerade nach dem niedergeschlagenen Januaraufstand von 1863, in dem mehrere der zukünftigen Kunststudenten gekämpft hatten, die Möglichkeit, fernab von Zensur und Repressionen ein freies polnisches Kunstleben zu formieren. Aus heutiger Perspektive mag man es kaum glauben, doch wirtschaftliche Gründe waren ebenso ausschlaggebend. So berichtete beispielsweise Ludomir Benedyktowicz, der sich trotz Verlust seiner Hände im Januaraufstand in den Kopf gesetzt hatte, Maler zu werden, begeistert von den preiswerten Mieten und Lebenshaltungskosten: „[U]nter dem Aspekt der Billigkeit ist München (…) ein Paradies für die Arbeitswilligen."[15]

Angesichts der großen Zahl polnischer Maler und der Vielfalt ihres Schaffens fällt es schwer, von einer eigenen „Malschule" zu sprechen. Und doch prägen bestimmte Bildthemen und Künstlerpersönlichkeiten bis heute die Vorstellung vom „polnischen München". In den 1870er Jahren, als die Münchner Polen erstmals geschlossen auf den internationalen Kunstausstellungen auftraten und als nationale Malergruppe anerkannt wurden, dominierten vor allem zwei Namen die polnische Kolonie: der schon erwähnte Maksymilian Gierymski sowie der Schlachten- und Pferdemaler Józef Brandt. Treffend charakterisierte der Historienmaler Henryk Siemiradzki ihre Vorreiterrolle, indem er die beiden als „Generäle" und die sie umgebenden polnischen Kollegen als ihren „Stab" bezeichnete.

Gerade Maksymilian Gierymski nimmt in der polnischen Kunstgeschichte eine bedeutende Position ein und zählt zu den Vorreitern der polnischen Moderne. Mit Motiven aus dem polnischen Dorfleben, Jagdbildern aus der Rokokozeit oder Szenen aus dem Januaraufstand, an dem er selbst teilgenommen hatte, konnte er sich international einen Namen machen. Seine Kompositionen zählen zu den Meisterwerken des Realismus; besonders seine melancholischen Landschaften bieten zugleich ein bedeutendes Beispiel für die das Schaffen vieler Münchner Polen kennzeichnende „Stimmungsmalerei".

15 Andrzej Ryszkiewicz / Stefan Kozakiewicz (Hg.), Warszawska „Cyganeria" Malarska. Grupa Marcina Olszyńskiego. Wrocław 1955, S. 156.

Maksymilian Gierymski: Landschaft bei Sonnenaufgang – Morgengrauen. 1869, Öl auf Holz, 27,5 x 36,5 cm, Nationalmuseum Warschau.

1874 wurde Maks Gierymskis Karriere jäh beendet, als er mit nur 28 Jahren einer Tuberkulose-Erkrankung in Bad Reichenhall erlag. Józef Brandt, der nach kurzem Studienaufenthalt in Paris bereits seit 1862 in München weilte, konnte hingegen zu einer der führenden Künstlerpersönlichkeiten der Stadt mit wichtigen, bis ins bayerische Königshaus reichenden Kontakten werden und schon 1868 seine erste Einladung zu Hofe mit den Worten kommentieren, er habe sich „gut unterhalten, aber schlecht gegessen"[16].

In seinen Kompositionen mit ländlichen Motiven und Kampfszenen zwischen Polen, Kosaken, Türken und Tataren setzte sich Brandt mit den Glanzzeiten Polen-Litauens auseinander und erfreute mit seinen für den westeuropäischen Betrachter bunt und exotisch wirkenden Sujets ein internationales Kunstpublikum. Ebenso erfolgreich auf dem Kunst-

16 Zit. nach Irena Olchowska-Schmidt, „Eine Requisitenkammer steht Modell. Das Münchener Atelier des polnischen Malers Józef Brandt", in: Deutsch-Polnische Ansichten zur Literatur und Kultur. Jahrbuch 1989. Darmstadt 1990, S. 65 – 78, hier S. 74.

markt und bedeutend für die Polenkolonie war sein etwas jüngerer Kollege Alfred Wierusz-Kowalski, der von 1873 bis zu seinem Tod 1915 in München tätig war und zu dessen bekanntesten Sujets winterliche Jagdszenen, einsame Wölfe und Schlittenfahrten zählten.

Um Brandt, der erst kurz vor seinem Tod 1915 in die Heimat zurückkehrte, gruppierten sich die nach München strömenden Polen. Selbst die deutsche Kunstkritik nannte ihn bald „tonangebenden Matador" der „sarmatischen Künstlerkolonie"[17], die allerdings von starker Fluktuation geprägt war. Im Laufe der Zeit gehörten so verschiedene Künstlerpersönlichkeiten wie Józef Chełmoński, Juliusz und Wojciech Kossak,

17 Friedrich Pecht, Geschichte der Münchener Kunst im neunzehnten Jahrhundert. München 1888, S. 420.

Viele hundert Polinnen und Polen studierten in München oder lebten dort von der Kunst und für die Kunst. Diese Fotografie von 1869 zeigt einige polnische Maler an der Isar, darunter stehend Józef Brandt (2. v. r.) und Maksymilian Gierymski (1. v. r.) und sitzend Aleksander Gierymski (1. v. l.).

Adam Chmielowski, Stanisław Witkiewicz, Aleksander Gierymski – der jüngere Bruder Maksymilian –, Władysław Malecki, Ludwig Kurella oder Władysław Czachórski, später auch Julian Fałat und Maurycy Gottlieb sowie zahlreiche, heute oft vergessene Maler und einige Bildhauer zum Münchner Polenkreis.

Auch wenn viele der Bilder der Münchner Polen von der polnischen Landschaft und Geschichte inspiriert waren und ebenso die oftmals mit dem adligen Polen in Verbindung gebrachte Pferdemalerei eine wichtige Rolle spielte, muss festgehalten werden, dass nicht nur nationale Themen einen Ausgangspunkt für ihre Malerei bildeten. Mit dem Voranschreiten der modernen Kunstrichtungen stand beim Malen zunehmend nicht mehr das Was, sondern das Wie im Fokus. Dass sich die neue Kunstauffassung auch mit der Wahrnehmung der Stadt verbinden ließ, belegen eindrücklich Aleksander Gierymskis Nachtszenen wie beispielsweise seine „Ludwigsbrücke bei Nacht" (1896–97), in denen er das Lichtspiel der Münchner Straßenbeleuchtung und die abendliche Atmosphäre in einer stimmungshaften Darstellung zu verbinden vermochte.

Ab den 1890er Jahren wurde München zunehmend in seiner künstlerischen Vorrangstellung von Paris und dem als Kunstmetropole aufstrebenden Berlin abgelöst. Dennoch sind ebenfalls in diesen Jahren Aktivitäten der polnischen Künstlerschaft und Neuankömmlinge verzeichnet. Die berühmte Olga Boznańska stellte in dieser Zeit in der gerade gegründeten Münchner Secession aus, und polnische Künstler – wie die Karikaturistin Otolia Kraszewska oder der Vertreter des polnischen Jugendstils Edward Okuń – publizierten in der Zeitschrift „Jugend".

Spätestens mit dem Ausbruch des Ersten Weltkriegs endete die Ära des „Polnischen Münchens". Viele der Bilder polnischer Maler, die einst die privaten und öffentlichen Sammlungen der bayrischen Hauptstadt geschmückt hatten und nun nicht mehr dem offiziellen Geschmack entsprachen, wurden ins wieder unabhängige Polen verkauft. Auf deutscher Seite ist es heute nur ein kleiner Expertenkreis, dem diese Zeit der intensiven deutsch-polnischen Kunstbeziehungen bekannt ist. In polnischen Museen jedoch sind die Spuren, die München in der polnischen Kunstgeschichte hinterlassen hat, stets sichtbar.

Juden zwischen Ost und West

Juden zwischen Deutschland und Polen in Mittelalter und Früher Neuzeit

Jürgen Heyde

In der jüdischen Kultur wurden Deutschland und Polen ursprünglich als ein gemeinsamer Raum begriffen. Der biblische Begriff *Aschkenas* stand zwar seit dem Mittelalter für Deutschland, aber das Adjektiv „aschkenasisch" bezeichnete allgemeiner die jüdische Kultur in Mitteleuropa, von Norditalien und dem Elsass bis nach Ungarn und Litauen. Der hebräische Begriff *Polin* etablierte sich erst zu Beginn der Frühen Neuzeit, nicht als Abgrenzung gegenüber Deutschland, wohl aber als erläuternde Ergänzung. In der Doppelform *Aschkenas u-Polin* spiegelte sich weiterhin die räumliche Einheit, aber auch die Verschiebung der kulturellen Zentren seit dem 16. Jahrhundert.

Die frühesten gesicherten Belege für jüdische Anwesenheit im Ostfränkisch-Deutschen Reich gehen bis ins 9. Jahrhundert zurück. Im 10. Jahrhundert ist eine Gemeinde in Mainz zu greifen, wenig später auch in Worms. Zusammen mit der im Jahr 1084 entstandenen Gemeinde in Speyer bildeten die drei sogenannten *Schum*-Gemeinden (nach den hebräischen Anfangsbuchstaben für Speyer, Worms und Mainz) bis ins hohe Mittelalter das geistig-kulturelle Zentrum der aschkenasischen Juden. Bis zum Ende des 11. Jahrhunderts lassen sich nur wenige Orte mit jüdischer Siedlung fassen; neben den genannten auch z. B. Köln, Regensburg oder Magdeburg und Merseburg. Dort entwickelten sich aber Gemeinden mit mehreren hundert Personen, die mitunter bis zu 10–20 Prozent der städtischen Bevölkerung ausmachen konnten. Einen tiefen Einschnitt brachten die Verfolgungen im Gefolge des Ersten Kreuzzugs 1096. In Mainz, Worms oder Köln verloren fast alle Juden ihr Leben; viele Opfer waren auch in Speyer, Trier, Regensburg oder Prag zu beklagen. Die Überlebenden wurden zumeist zur Annahme des Christentums gezwungen.

In der Folgezeit konnte sich die jüdische Bevölkerung in Deutschland allmählich wieder erholen. Bis etwa zum Jahr 1200 wuchs die Zahl der Gemeinden von 13 (vor 1096) auf 29 an, bis ca. 1250 kamen 62, bis 1300 nochmals 260 hinzu und weitere gut 500 in der ersten Hälfte des 14. Jahrhunderts. Seit dem 13. Jahrhundert griff die jüdische Siedlung auch auf kleinere Städte, Marktflecken und Dörfer aus, wo die Juden aber weiterhin „städtische" Funktionen (Handel und Handwerk sowie Geldleihe) ausübten. Ebenfalls im 13. Jahrhundert nahmen die Verfolgungen gegen Juden zu, zunächst als lokal begrenzte Ausschreitungen, seit dem Ende des Jahrhunderts als regionale Wellen der Gewalt („Rintfleisch-Pogrom" 1298, „Armleder-Pogrom" 1336–38), gipfelnd in den durch die Pestepidemien 1348 bis 1351 ausgelösten reichsweiten Verfolgungen. Religiöse Argumente lieferten dabei lediglich kaum verschleierte Vorwände für Raub- und Plünderungslust. Die weltlichen Obrigkeiten hingegen waren nicht oder nur verzögert in der Lage, zum Schutz der Juden einzugreifen.

Nominell erhob der Kaiser bzw. der Römische König Anspruch auf die oberste Schutzherrschaft über die Juden, wie dies bereits Kaiser Heinrich IV. in einer Urkunde von 1090 betont hatte. In der Mitte des folgenden Jahrhunderts unterstrich Kaiser Friedrich I. Barbarossa dies noch, indem er die Juden als zur kaiserlichen Kammer, also dem engsten Bereich herrscherlicher Vorrechte, zugehörig bezeichnete. Im Zuge des Investiturstreits stellte die Kirche aber diesen Anspruch in Frage: Die Höherrangigkeit des „geistlichen" über das „weltliche Schwert" umfasse auch die Oberhoheit über die Juden. Zudem verkündete sie die Lehre von der „Knechtschaft" (lat. *servitus*) der Juden als Strafe, weil diese den Messias nicht erkannt hätten.

Kaiser Friedrich II. wiederum griff im 13. Jahrhundert dieses Konzept auf und verband es mit dem älteren Konzept der Kammeranbindung zur „Kammerknechtschaft" (1236/1238). Unter seinen Nachfolgern wurde dieser Gedanke dann von einem Schutzverhältnis zu einem Ausbeutungsinstrument: König Rudolf I. begründete 1286 die Inhaftierung und Beschlagnahme von auswandernden Juden damit, dass sie als „Kammerknechte" ihm, dem Herrscher, mit Leib und Besitz gehörten. Unter Berufung auf dieses Verfügungsrecht erließ nach 1348 Kaiser Karl IV., um Geld für den Krieg gegen den Gegenkönig Günther von Schwarzburg zu sammeln, mehreren Städten die Strafen, wenn sie nicht gegen antijüdische Ausschreitungen vorgegangen waren – in Nürnberg tat er dies sogar ein halbes Jahr bevor in der Stadt Unruhen ausbrachen!

Seit dem 13. Jahrhundert wurde der kaiserliche Judenschutz zudem nicht mehr nur von der Kirche, sondern auch von den aufstrebenden Territorialfürsten in Frage gestellt: Im Jahre 1244 erließ Herzog Friedrich der Streitbare von Österreich ein erstes Territorialprivileg für die jüdische Bevölkerung. Nach dem Ende der Stauferkaiser in der Mitte des 13. Jahrhunderts konnten sich ihre Nachfolger im Heiligen Römischen Reich nicht mehr auf eine vergleichbare Machtbasis stützen. Nicht nur die „Grafenkönige" des späten 13. Jahrhunderts, sondern auch die „Hausmachtkönige" des 14. und 15. Jahrhunderts waren aus den Reihen der Territorialfürsten erwachsen und mussten ihren Vormachtanspruch gegen Widerstände durchsetzen. Luxemburger, Wittelsbacher und Habsburger setzten den „Judenschutz" bzw. die Abgaben und Steuern, welche die Herrscher von den Juden erzwingen konnten, als Verhandlungsmasse ein, um politischen Rückhalt für ihre Thronansprüche zu gewinnen. So wurde der „Judenschutz" mal an Territorialfürsten, mal an einzelne Städte verpfändet. Damit bürgerte sich die Praxis ein, dass Territorien und Städte das Aufenthaltsrecht der Juden jeweils nur noch für wenige Jahre garantierten oder gar individuelle, zeitlich begrenzte „Schutzbriefe" ausgaben, die regelmäßig gegen neue Zahlungen erneuert werden mussten oder von den Obrigkeiten verweigert werden konnten.

Die Entwicklung in Polen weist einige Analogien, aber auch wesentliche Unterschiede zum Heiligen Römischen Reich auf. In Polen sind die ersten jüdischen Zentren erst später belegt: Um die Mitte des 11. Jahrhunderts gibt es Hinweise auf eine jüdische Gemeinde in Krakau, bis zum Ende des 13. Jahrhunderts dann weitere vereinzelte Belege für Niederlassungen vor allem an Fürstensitzen (Breslau, Płock, Kalisch). Hier wie dort entwickelte sich die jüdische Siedlung zunächst, ohne dass grundlegende Rechtsdokumente zu ihrer Regelung ausgestellt werden mussten. Polen war vom Investiturstreit weitgehend unberührt geblieben; erst die fortschreitende Stabilisierung der polnischen Teilfürstentümer als selbständige Territorien im 13. Jahrhundert veranlasste Herzog Bolesław den Frommen von Großpolen 1264, ein Generalprivileg für die Juden in seinem Herrschaftsbereich auszustellen. Der Text des Privilegs lehnte sich mittelbar an die Urkunden Herzog Friedrichs von Österreich (1244) und Kaiser Friedrichs II. (1236/38) an, doch vor allem bildete es eine Antwort auf ähnliche Vorstöße der Könige von Ungarn (1251) und Böhmen (1262). Die Ähnlichkeiten im Text mit der böhmischen Urkunde gehen so weit, dass diese als direkte Vorlage des großpolnischen Privilegs gilt.[1] Für die ostmitteleuropäischen Herrscher ging es darum, ihre Territorien als attraktiv für jüdische Zuwanderung darzustellen. Die Urkunden waren Teil der Politik des Landesausbaus, die Kolonisten – Bauern, Handwerker, Kaufleute – anwarb und Wirtschaft und Gesellschaft auf neue Grundlagen stellte. Jüdische Zuwanderer sollten vor allem das Kreditwesen fördern; der größte Teil der wirtschaftlichen Regelungen im Generalprivileg war diesem Feld gewidmet, während zum Handel nur gesagt werden musste, dass Juden völlige und unumschränkte Handelsfreiheit besäßen, ebenso wie Christen.

Auch in Ostmitteleuropa versuchte die Kirche, ihren Anspruch auf Oberhoheit über die Juden gegen die weltliche Herrschaft durchzusetzen. Auf zwei Bischofsversammlungen in Wien und Breslau, unter der Leitung eines päpstlichen Legaten, wurde 1267 – drei Jahre nach dem großpolnischen Generalprivileg – ein Programm zur radikalen Ausgrenzung der Juden verabschiedet: Die Juden wollten die Christen, die sie für ihre Feinde hielten, vergiften, daher müssten Kontakte zwischen beiden möglichst vollständig verhindert werden. In Breslau wurde erstmals die Forderung erhoben, die Häuser der Juden durch eine Mauer von denen der Christen zu trennen, um sie zu isolieren.

Umgesetzt wurde von alldem nichts. Die polnischen Herrscher achteten darauf, dass die Stadtbürger, die direkten wirtschaftlichen Konkurrenten der Juden, keine Rechtshoheit über sie erlangten. Während die Juden in Deutschland in den größeren Städten seit dem späten Mittelalter zusehends in die Geldleihe abgedrängt wurden, konnten sie in Polen im Großen und Ganzen ihre Handels- und Gewerbefreiheit erhalten – ähnlich wie die sogenannten Landjuden in kleineren, oft reichsritterlichen Landschaften im Heiligen Römischen Reich.

In der Frühen Neuzeit verfestigten sich diese Tendenzen weiter. Die Reformation in Deutschland brachte entgegen anfänglicher Hoffnungen keine Annäherung, sondern eine weitere Verhärtung der religiösen Fronten. Nach dem Augsburger Religionsfrieden 1555 nutzten einige protestantische Landesherren den Grundsatz *cuius regio, eius religio*, um auch die Juden aus ihren Territorien zu vertreiben. Erst am Ende des Dreißigjährigen Krieges, als viele Landschaften zerstört waren und dringend Menschen und Kapital

1 Zofia Kowalska, „Die großpolnischen und schlesischen Judenschutzbriefe des 13. Jahrhunderts im Verhältnis zu den Privilegien Kaiser Friedrichs II. (1238) und Herzog Friedrichs II. von Österreich (1244)", in: Zeitschrift für Ostmitteleuropa-Forschung 47 (1998), Nr. 1, S. 1 – 20.

für den Wiederaufbau gesucht wurden, ließen die Peuplierungsmaßnahmen eine Wiederansiedlung in Ländern wie Brandenburg-Preußen zu. In vielen Residenzstädten entwickelte sich jüdische Siedlung im Umfeld der „Hofjuden", die als Heereslieferanten und Bankiers in der Lage waren, die geforderten exorbitanten Schutzgelder aufzubringen.

Die Oberhoheit des Kaisers über die Juden im Heiligen Römischen Reich kam in der Neuzeit allenfalls noch in den Freien Reichsstädten wie Frankfurt am Main oder in den reichsritterlichen Herrschaften zum Tragen. In den Territorien versuchten die Fürsten, die alleinige Kontrolle über die in ihren Ländern lebenden Juden durchzusetzen. Versuche im 16. und frühen 17. Jahrhundert, durch Versammlungen von Rabbinern und Gemeindevorständen eine reichsweite oder zumindest überterritoriale Koordination jüdischer Interessen zu organisieren, scheiterten am entschiedenen Widerstand der Fürsten (sog. Frankfurter Rabbinerverschwörung 1613). In Polen-Litauen sind im 16. Jahrhundert ebenfalls Bemühungen um eine überregionale Organisation der Juden zu beobachten. Am Rande der bedeutenden Messen in Lublin trafen sich Gemeindevorstände und Rabbiner, um über Belange zu verhandeln, die über die einzelnen Gemeinden hinaus Bedeutung hatten. Anders als im Heiligen Römischen Reich wurden diese Versammlungen von König und Ständen jedoch nicht blockiert; im Gegenteil: Der polnische Reichstag übertrug dem nun so genannten *Rat der Vier Länder* am Ende des 16. Jahrhunderts die Einziehung der jüdischen Kopfsteuer und erkannte dessen Versammlungen damit als Instanz einer jüdischen Selbstverwaltung an.

Im Bereich der Wirtschaftstätigkeit zeigen sich anfangs ebenfalls parallele Entwicklungen. Im Ostfränkisch-Deutschen Reich begegnen Juden vom 10. Jahrhundert an als Händler, zunächst als Fernkaufleute, später auch in regionalen Zusammenhängen. Im 12. Jahrhundert wurden Juden auch in Herrschaftsaufgaben eingebunden und mit der Verwaltung von Münzstätten oder Zollstellen betraut. Ab dem 13. Jahrhundert ist dann aber ein Rückgang der Handelsaktivitäten zu erkennen, während die Konzentration auf die Vergabe von Krediten zunimmt.

In Polen setzt die Überlieferung wieder etwas später ein: Seit dem späten 12. Jahrhundert waren Juden als Münzmeister im Dienst verschiedener polnischer Herzöge tätig; im 14. Jahrhundert übertrug König Kasimir dem Juden Lewko aus Krakau die Leitung der Saline in Wieliczka; seit dem 15. Jahrhundert amtierten Juden in großer Zahl als Leiter von Zollstellen, v. a. im Südosten des Königreichs. Hinweise auf Juden als Kreditgeber sind erst in der zweiten Hälfte des 14. Jahrhunderts überliefert, doch schon in der Mitte des 15. Jahrhunderts traten Juden in den Quellen häufiger als Kreditnehmer (bei Bürgern oder Adeligen) denn als Kreditgeber auf. Allerdings kam es in den großen Städten seit dem ausgehenden 15. Jahrhundert vermehrt zu Konflikten mit der Bürgerschaft. Zünfte und Kaufmannschaften versuchten, ähnlich wie im Heiligen Römischen Reich, den jüdischen Handel und das jüdische Handwerk einzuschränken, jedoch ohne durchgreifenden Erfolg.

Für die Juden eröffnete sich seit dem 16. Jahrhundert ein weiterer wichtiger Beschäftigungszweig, die sogenannte Arrende. Dabei ging es im Prinzip um die Pacht von Monopoleinkünften, wie dies seit dem Mittelalter bei Zollstellen praktiziert wurde, nun aber auf breiterer Grundlage, als Pacht von Mühlen, Schenken, Brückenzöllen, Fischteichen etc. bis hin zu ganzen Gutskomplexen. Die Adeligen, denen diese Abgaben zustanden, waren nicht vor Ort ansässig; die jüdischen Arrendatoren fungierten somit nicht nur als Unternehmer, sondern auch als Repräsentanten der Obrigkeit in der ländlichen Wirtschaft. Juden erfüllten zudem auch zentrale Funktionen als Handwerker und Kaufleute in den Zentren der Gutswirtschaft. Adelige Gutsherren hatten kein Interesse an der Abwanderung ihrer leibeigenen Bauern in die Städte, sodass Juden dort eine Art „Ersatzbürgertum“ (Jacob Goldberg) bildeten.

Daraus entwickelten sich im späten 17. und 18. Jahrhundert besonders in den südöstlichen Landesteilen Polen-Litauens die *Schtetl*, vor allem kleinstädtische Orte, in denen Juden zwar nicht „unter sich“ waren, aber doch einen solch großen Teil der Bevölkerung stellten, dass man sie nicht länger als „Minderheit“ bezeichnen konnte. Nach einer Zählung im Jahre 1764 betrug die jüdische Bevölkerung in Polen-Litauen 750 000 Personen, was einem Anteil von 6–7 Prozent an der Gesamtbevölkerung entsprach. Die jüdische Präsenz in Handel und Handwerk auf dem Lande und in den Kleinstädten illustriert der Ausruf eines preußischen Beamten in den nach 1772 von Polen annektierten Gebieten: „Hier ist es mir zu toll mit allen Juden! Will ich einen Chirurgen haben, kommt ein Jude, einen Tischler, ein Jude, Schlächter, Bäcker Juden, alle möglichen Handwerker sind Juden.“[2]

2 Zitiert nach: Hans-Jürgen Bömelburg, Zwischen polnischer Ständegesellschaft und preußischem Obrigkeitsstaat. vom Königlichen Preußen zu Westpreußen (1756–1806). München 1995 (Schriften des Bundesinstituts für Ostdeutsche Kultur und Geschichte 5), S. 433.

Dies war ein unübersehbarer Kontrast zum brandenburgisch-preußischen Kernland, wo nach dem Generaljudenreglement von 1750 nur 162 Juden in Berlin als ordentliche und 63 als außerordentliche Schutzjuden anerkannt wurden. Insgesamt gab es um die Mitte des 18. Jahrhunderts (vor der ersten Teilung Polens) ca. 60 000 Juden in Brandenburg-Preußen, davon lebten aber ca. 90 Prozent außerhalb der Schutzbriefregelung, als Gemeinde- oder Hausangestellte bei Schutzjuden oder – überwiegend – in rechtlich marginalen Umständen.

Für das religiöse und gemeindliche Leben im gesamten aschkenasischen Raum waren im Mittelalter die Zentren im Heiligen Römischen Reich tonangebend. Die Gemeindeordnungen (hebr. *taqqanot*) der rheinischen *Schum*-Gemeinden hatten bis weit in die Frühe Neuzeit Vorbildcharakter für die Organisation neuentstehender Gemeinden. Im religiösen Bereich strahlte Regensburg im 13. Jahrhundert als Wirkungsstätte von Rabbi Jehuda He-Hasid und der „Frommen von Aschkenas" bis weit nach Osteuropa hinein aus. Es gibt nur wenige bekannte Rabbiner, die in dieser Zeit in Polen oder der Rus' wirkten, doch sehr viele von ihnen standen in intensivem Kontakt mit Regensburg.

Im Spätmittelalter führten die Vertreibungen in Deutschland zum Erlahmen der alten geistigen Zentren. Der gleichzeitige Aufschwung des Gemeindelebens in Polen ließ die dortigen Städte für jüdische Gelehrte attraktiv werden. Rabbi Meisterlein aus Wiener Neustadt betonte um die Mitte des 15. Jahrhunderts, dass Polen ein „sicherer Hafen" für die Juden sei. Ebenfalls seit der Mitte des 15. Jahrhunderts erlebte Krakau eine deutliche Zuwanderung von jüdischen Kaufleuten und Gelehrten vor allem aus Prag. Rabbi Moses Isserles (1520 – 1570) und sein Werk prägten das jüdische Rechtsdenken im aschkenasischen Raum bis über das Ende der Frühen Neuzeit hinaus. Rabbinische Schulen (*Jeshivot*) in Polen zogen zahlreiche Studierende auch aus Deutschland an. Während jüdische Rabbiner aus Polen und Litauen vor allem im Bereich des jüdischen Rechtsdenkens (*Halacha*) führend waren, entwickelte sich die jüdische Mystik (*Kabbala*) in einem weiteren Rahmen, in dem auch sefardische Gelehrte aus dem Heiligen Land großen Einfluss besaßen.

Die Verfolgungen im Verlauf des Chmielnicki-Aufstands zwischen 1648 und 1651 verstärkten Endzeiterwartungen in der jüdischen Bevölkerung, nicht nur bei den betroffenen Juden in Polen-Litauen, sondern auch in Deutschland, wie die Memoiren der Glückl von Hameln zeigen. Geschürt wurden diese Vorstellungen durch das Auftreten eines selbsternannten Propheten im Osmanischen Reich: Sabbatai Zwi hatte sich 1648 zum Propheten erklärt und wurde 1655 von Nathan aus Gaza zum Messias ausgerufen. Seine Bewegung fand rasch Anhänger in der ganzen jüdischen Diaspora, bis Zwi vom osmanischen Sultan verhaftet wurde und zum Islam übertrat. Zwis Ideen rückten die mystische Gotteserfahrung in den Mittelpunkt, während die Befolgung der halachischen Vorschriften für nachrangig erklärt wurde. Seine religiösen Vorstellungen waren zudem pantheistisch geprägt und weckten daher auch Interesse in christlichen Kreisen, wie dem Institutum Judaicum in Halle an der Saale, das in der Folgezeit gezielte Missionsbemühungen in Polen-Litauen unternahm.

Um die Mitte des 18. Jahrhunderts trat ein neuer selbsternannter Messias in Erscheinung. Jakub Frank aus Podolien (Südostpolen) verkündete nach einer Reise ins Osmanische Reich, er sei der Messias. Er erhielt Zulauf aus sabbatianischen Kreisen und verkündete die „Überwindung der Trennlinien" zwischen den Religionen. Im Jahre 1759 trat er zum Christentum über, wobei der polnische König August III. als Taufpate agierte. Auch nach der Konversion bezeichnete Frank sich aber weiterhin als Messias und wurde daraufhin im Kloster Tschenstochau interniert. Nach der ersten Teilung Polens verließ er das Land und wurde schließlich in Offenbach aufgenommen, wo er bis zum Lebensende 1791 im Isenburger Schloss residierte.

Jakub Frank war nur einer von vielen Grenzgängern, die verdeutlichen, dass *Aschkenas u-Polin* für die jüdische Bevölkerung trotz aller politischen Grenzziehungen einen gemeinsamen Raum bildete. Allerdings ist ebenfalls bemerkenswert, dass solche weiträumigen Migrationen fast ausschließlich für die geistige Elite – Rabbiner und Gelehrte – nachweisbar sind. Für jüdische Kaufleute sind hingegen eher kleinräumige Verbindungen zu greifen, so z. B. im 15. Jahrhundert zwischen Posen und Schlesien oder zwischen Krakau und Böhmen. Diese waren aber keineswegs dominant. Posener Juden unterhielten mindestens ebenso dichte Kontakte mit dem Großfürstentum Litauen, und die Kontakte Krakauer Juden mit Wolhynien oder Podolien waren zumindest genauso eng wie die mit den westlich gelegenen Regionen.

Der jüdische Aufklärer Salomon Maimon (um 1753 – 1800) stammte aus Polen-Litauen und wirkte in Berlin als Philosoph. Punktierstich von Wilhelm Arndt, 1813.

Die jüdische Migration zwischen Polen und Deutschland und die damit verbundenen kulturellen Prozesse werfen noch viele Fragen auf. So argumentieren jüngere Forschungen, dass die Entwicklung Polen-Litauens zum größten jüdischen Siedlungsgebiet im christlichen Europa seit dem späten 17. Jahrhundert vor allem auf ein dynamisches Bevölkerungswachstum zurückgeht, und nicht, wie man früher annahm, auf eine Masseneinwanderung infolge der Verfolgungen und Vertreibungen im mittelalterlichen Deutschland. Auf der anderen Seite zeigt der Umstand, dass sich in Polen-Litauen ausgerechnet das Jiddische als Umgangssprache der Juden durchsetzte, während in vielen anderen Ländern die Sprache der nichtjüdischen Umwelt übernommen wurde (Spuren eines Judenslawischen verlieren sich im späten Mittelalter), wie intensiv und wichtig der Austausch zwischen Deutschland und Polen für die damalige jüdische Bevölkerung gewesen ist.

Die Leipziger Messe war Anziehungspunkt für christliche und vor allem jüdische Polen. Auf dieser 1825 entstandenen kolorierten Radierung sind sie auf dem Weg zur Messe zu sehen.

Juden zwischen Deutschland und Polen von der Haskala bis zum Ausbruch des Zweiten Weltkriegs

François Guesnet

Verwandtschaftliche Netzwerke, geographische Nähe, kulturelle, religiöse und wirtschaftliche Beziehungen verbanden Juden in Deutschland und in Polen-Litauen auch noch im späten 18. Jahrhundert. Auch waren sie vergleichbaren Modernisierungsprozessen in Staat und Gesellschaft ausgesetzt, so der Tendenz von Staatsverwaltungen, immer umfassendere Kontrolle auch über solche Teile der Gesellschaft zu gewinnen, die bis dato über fest verbriefte Rechte zur Selbstverwaltung verfügt hatten: die Städte etwa, Zünfte und Gilden, aber auch jüdische Gemeinden. Wie im übrigen Europa führte dies in deutschen Ländern und in Polen-Litauen zu einer zunehmenden Beschränkung überkommener jüdischer Autonomierechte. Gleichzeitig fühlten sich jüdische Erneuerer ermutigt, traditionelle Autoritäten – etwa die Gemeindeältesten oder die Rabbiner – herauszufordern. Im deutschen Judentum entstand daraus eine Aufklärungsbewegung, die das Verhältnis zwischen Individuum, Religion und Staat auf neue Weise dachte. Ein neukonzipiertes Erziehungswesen sowie die Ideale von Emanzipation und sozialer und kultureller Integration in die Mehrheitsgesellschaft sollten in den nächsten Generationen zur Leitvorstellung des deutschen Judentums werden. Führender Repräsentant dieser Entwicklung war in Preußen der aus Dessau stammende, in Berlin wohnhafte Moses Mendelssohn (1729 – 1786). Auch Juden polnisch-litauischer Herkunft spielten in dieser Bewegung eine wichtige Rolle. So war Salomon Dubno (1738 – 1813) einer der herausragenden Mitarbeiter Moses Mendelssohns in seinem Projekt einer Übersetzung und Kommentierung der Bibel. Der aus Kleinpolen (später: Galizien) stammende Menachem Mendel Lefin (1749 – 1826), der ebenfalls in engem Austausch mit Mendelssohn stand, forderte die stärkere Integration der Juden in die polnisch-litauische Gesellschaft. Der aus Lublin stammende und in Frankreich lebende Gelehrte Zalkind Hurwitz (1751 – 1812) führte mit seiner im Revolutionsjahr 1789 publizierten Streitschrift *Apologie des Juifs*, die in Deutschland und Polen großen Widerhall fand, die von Christian Wilhelm

Dohm und Moses Mendelssohn initiierte Diskussion um eine bedingungslose Emanzipation der Juden fort. Die jüdischen Aufklärer waren von der Möglichkeit überzeugt, durch neue Erziehungsmethoden und -inhalte dem gesetzestreuen Judentum neue Kraft zu verleihen. Im 19. Jahrhundert setzten sich hier immer stärker Bestrebungen zu einer Reform des Judentums selbst durch. Hierfür steht der 1819 unter anderem von Heinrich Heine (1797–1856), Leopold Zunz (1794–1886) und Eduard Gans (1797–1839) gegründete „Verein für die Wissenschaft des Judentums". Die Welt des traditionsverbundenen polnischen Judentums stellte für Anhänger einer solchen religiösen und kulturellen Erneuerung und Integration die Negativfolie dar. Insbesondere die weiterhin große Bedeutung rabbinischer Rechtsprechung im polnisch-litauischen Judentum müsse als Relikt der Vormoderne zurückgedrängt werden, argumentierte David Friedländer, ein jüdischer Aufklärer in Berlin, in einem Gutachten, das er im Auftrag der Regierung Kongresspolens 1818 erstellt hatte.[3] Allerdings erkannte schon der hellsichtige Heine, dass Fortschritt und Aufklärung ihren Preis hatten:

> *„Dennoch, trotz der barbarischen Pelzmütze, die seinen Kopf bedeckt, und der noch barbarischeren Ideen, die denselben füllen, schätze ich den polnischen Juden weit höher als so manchen deutschen Juden (...) Der innere Mensch wurde kein quodlibetartiges Compositum heterogener Gefühle und verkümmerte nicht durch die Einzwängung Frankfurter Judengaßmauern, hochweiser Stadt-Verordnungen und liebreicher Gesetz-Beschränkungen. Der polnische Jude mit seinem schmutzigen Pelze, mit seinem bevölkerten Barte und Knoblauchgeruch und Gemauschel, ist mir noch immer lieber als Mancher [deutsche Jude] in all seiner staatspapierenen Herrlichkeit."*[4]

In den Territorien des in den Teilungen von 1772, 1793 und 1795 als Staatswesen zerstörten Polen-Litauens blieben sowohl Aufklärung als auch Reform des Judentums marginale Bewegungen, während die intensivsten Auseinandersetzungen zwischen Anhängern unterschiedlicher Verständnisse von gesetzestreuem Judentum ausgefochten wurden – vor allem zwischen den Anhängern eines traditionellen, rabbinischen Judentums und des Chassidismus. Diese mystische Bewegung, die auf den 1760 verstor-

3 Über die Verbesserung der Israeliten im Königreich Polen. Berlin 1818.

4 Heinrich Heine, „Über Polen", in: Heinrich Heine, Historisch-kritische Gesamtausgabe der Werke, vol. 6, hrsg. v. Manfred Windfuhr. Hamburg 1973, S. 61–62.

benen Baal Schem Tov zurückgeht, sprach dem Gebet und allgemein der gemeinschaftlich gelebten Religion eine neue Bedeutung zu. Im Zentrum chassidischer Gemeinschaften standen charismatische Führer (hebr. die sog. *tsadikim*, „Gerechte"), die über einen unmittelbaren Zugang zur göttlichen Sphäre verfügen sollten. In den nächsten Generationen hatte der Chassidismus im östlichen Europa weithin großen Zulauf. Allerdings konnte er in litauischen Territorien nur spät und sehr eingeschränkt Fuß fassen, und in der preußischen Provinz Posen – dem früheren Großpolen – fand er kein nennenswertes Echo.

Nur eine kleine Minderheit meist wohlhabender und häufig in den urbanen Zentren der Region lebender Juden verfolgten – oft in enger Zusammenarbeit mit lokalen oder Landesregierungen – im östlichen Europa ein Programm der Aufklärung und Reform nach deutsch-jüdischem Vorbild. Die große Mehrheit der Juden lehnte diese Zielvorstellungen jedoch entschieden ab, und ihre Anhänger wie auch die Synagogen ihrer Kongregationen – sie entstanden etwa in Warschau, Lodz, Wilna und Lemberg – wurden abwertend als *dajtsh* bezeichnet. Im Gegenzug wurden Juden aus dem östlichen Europa, die einer traditionellen jüdischen Lebensweise anhingen, zunächst als „Polacken" oder „Kaftanjuden" verunglimpft und seit dem frühen 20. Jahrhundert gleichermaßen abwertend als „Ostjuden" bezeichnet – stereotype Begrifflichkeiten, die von deutschen Juden und Nichtjuden benutzt wurden und eine nachhaltige Wirkung entfalteten. Zu solcherart exotisierenden Wahrnehmungen trugen jüdische wie nichtjüdische Literaten bei, die durch überzeichnende Darstellung der osteuropäisch-jüdischen Lebenswelt zur Verfestigung negativer und verzerrender Wahrnehmungen beitrugen – hier wäre etwa Karl-Emil Franzos' in mehreren Auflagen erschienener Bestseller *Aus Halb-Asien. Culturbilder aus Galizien, der Bukowina, Südrußland und Rumänien* (Leipzig 1876) zu nennen.

Entsprechend unterschiedlich waren die Auffassungen über die Stellung der Juden in ihrer nichtjüdischen Umgebung. In Deutschland spiegelte sich das Ideal einer Integration der Juden in einer weitgehenden Anpassung in Sprache und Habitus. Auch dort, wo im sozialen Umgang Juden weiterhin ausgegrenzt wurden, schufen sie nichtsdestoweniger eine der Umgebungsgesellschaft angeglichene Alltagskultur. In Lese- und Freizeitkultur, im Vereinswesen, in politischen Orientierungen wie auch im Familienleben – etwa in der Namensgebung – wurden Unterschiede zwischen Juden und Nichtjuden als überwindbare, dem unaufhaltsamen Fortschritt nur noch kurze Zeit widerstehende Grenzen begriffen. Trotz in vielen deutschen Teilstaaten fortbestehender formaler Diskriminierung – etwa im Niederlassungsrecht, in der Berufswahl oder beim Zugang zu öffentlichen Ämtern und Würden – identifizierte sich eine Mehrheit der Juden und Jüdinnen in Deutschland mit ihrer Heimat. Das zunehmende Gewicht Deutschlands – und insbesondere Preußens – in Europa trug nicht unerheblich zu dieser Identifikation bei, wie auch der spektakuläre soziale und wirtschaftliche Aufstieg der deutschen Judenheit im 19. Jahrhundert.

Juden in polnischen Territorien waren einer gänzlich anderen Dynamik ausgesetzt: Hier wurde politische Loyalität von Regierungen eingefordert, die erst seit den Teilungen Polens, und gegen den Willen der polnischen Bevölkerungsmehrheit, Regierungsmacht ausübten, und im Gegensatz zu Deutschland fielen politische Loyalität und kulturelle Integration auseinander. In vielen Provinzen führte dies zu erheblichem politischem Konfliktpotential. Als 1848 die polnische Unabhängigkeitsbewegung einen Aufstand gegen die preußische Oberherrschaft unternahm, tendierte die Mehrheit der örtlichen jüdischen Bevölkerung zu einer Preußen gegenüber loyalen Haltung – eine ehemals polnische Judenheit war zu diesem Zeitpunkt bereits weit auf dem Weg zu einer Identifizierung mit preußisch-jüdischen Idealen fortgeschritten. Auch gerieten die ehemals polnisch-litauischen Territorien als periphere Provinzen Preußens, Russlands und Österreich-Ungarns wirtschaftlich ins Hintertreffen. Von dieser Entwicklung, die mit einer stetigen Ausgrenzung gerade jüdischer Unternehmer aus angestammten Erwerbsfeldern einherging, gab es nur wenige Ausnahmen. Zu diesen gehörte Warschau, aber auch Lodz. In Lodz, als Zentrum der Textilproduktion von internationalem Rang, entfaltete sich über einige Generationen eine friedliche, multikulturelle und -religiöse Kohabitation von Deutschen, Juden und Polen, die nicht zuletzt auf der Respektierung getrennter Lebensbereiche beruhte. Aufgrund der prekären Lebensverhältnisse vieler Juden im östlichen Europa bemühten sich deutsche Juden und Jüdinnen um Abhilfe und Reform – zu nennen wäre hier Bertha von Pappenheim (1859 – 1936), die sich um 1900 intensiv darum bemühte, die Lage polnischer Jüdinnen durch berufliche Bildung zu verbessern.

Die demographische Entwicklung trug nicht unerheblich zu diesen markanten Unterschieden bei. In Deutschland fiel der Anteil der jüdischen Bevölkerung auch in großen Städten zahlenmäßig nur wenig ins Gewicht – eine Ausnahme war hier für einige Jahrzehnte Berlin, wo sich die größte Zahl der etwa 70 000 Juden und Jüdinnen, die von der Mitte des 19. Jahrhunderts bis zum Ersten Weltkrieg aus dem östlichen Europa ins Deutsche Reich einwanderten, niederließ: Sie prägten das Scheunenviertel in Berlin-Mitte bis zur Machtergreifung der Nationalsozialisten. Überall sonst waren Unterschiede zwischen Juden und Nichtjuden in Sprache und Erscheinungsbild schon in der ersten Hälfte des 19. Jahrhunderts in den Hintergrund getreten. In polnisch-litauischen Territorien stellten Juden hingegen eine aufgrund ihrer Zahl, ihrer häufig auf bestimmte Stadtbezirke konzentrierten Niederlassung und ihrer kulturellen Geschiedenheit sehr wahrnehmbare Gemeinschaft dar. Die große Mehrheit der Juden in Polen bediente sich im Alltag des Jiddischen und beharrte auf traditioneller Bekleidung, regelmäßiger Disziplinierungsversuche der Regierungen zum Trotz. Nicht minder bedeutsam ist der Umstand, dass in polnisch-litauischen Territorien Juden in kleinen wie auch großen Städten häufig die größte Gruppe von Einwohnern stellten. Um die Wende zum 20. Jahrhundert lebten in den beiden größten Gemeinden des „russischen" Königreichs Polen – Warschau und Lodz – annähernd so viele Juden wie im gesamten Deutschen Reich, und urbane Zentren wie Wilna, Lublin oder Lemberg verfügten über große, sichtbare, in Jahrhunderten geformte, tief verwurzelte lokale jüdische Gemeinden. Die große Wanderungsbewegung, die das osteuropäische Judentum in der zweiten Hälfte des 19. Jahrhunderts bis zum Ersten Weltkrieg erfassen sollte, führte etwa drei Millionen jüdische Emigrierende nach Westeuropa, nach Nord- und Südamerika, aber auch in die urbanen Zentren in Osteuropa selbst, die zu jüdischen Metropolen mit Zehn- oder Hunderttausenden jüdischen Bewohnern wurden.

Ihre große Präsenz in den polnisch-litauischen Städten fiel gerade jüdischen Reisenden im östlichen Europa ins Auge. Der große Unterschied zwischen deutsch- und osteuropäisch-jüdischen Lebensverhältnissen kommt in einem Reisebericht des aus Hessen stammenden, in Memel (heute: Klaipėda) an der preußisch-russischen Grenze wirkenden Rabbiners Isaak Rülf lebhaft zum Ausdruck. Anlässlich eines Besuchs in Wilna notierte er begeistert und bewegt seine Empfindungen angesichts der großen Zahl von Juden, die im Botanischen Garten die Sabbatruhe genossen:

> *„Aber diese Menge erweckte in meinem Innern Gefühle, die Jahrzehnte lang zurückgedrängt im Innern schlummerten, vielleicht das ganze Leben hindurch nie so voll, so ganz so rein sich geltend machen konnten, wie in diesen Stunden. Diese Gefühle waren durch das Bewußtsein hervorgerufen, daß jene große, unabsehbare Menge allesammt meines Volkes, meines Stammes, meines Glaubens seien, die mich rückhaltlos als einen der Ihrigen anerkannten, beachteten und unter denen ich ganz uneingeschränkt mich geben konnte als das, was ich bin und ohne die geringste Zurückhaltung sein konnte, was ich stets sein wollte – ein Jude."*[5]

Gerade angesichts der erfolgreich verlaufenden Integration und des steten sozialen Aufstiegs der Juden im Deutschland des 19. Jahrhunderts bedeutete die Entstehung einer neu definierten, nämlich auf biologistische und rassistische Erklärungsmodelle zurückgreifenden Judenfeindschaft für viele Zeitgenossen einen Schock. Dieses antijüdische Ressentiment hatte Vorläufer auch in anderen europäischen Ländern, aber der seit 1879 als „Antisemitismus" zur politischen Bewegung gerinnende Judenhass bildete gerade in Deutschland besonders nachhaltige soziopolitische Netzwerke aus und fand auch in gebildeten und akademischen Kreisen viele Anhänger. Der Historiker Heinrich von Treitschke warnte 1879 in einem folgenreichen Artikel vor der jüdischen „Schar hosenverkaufender Jünglinge", die „aus der unerschöpflichen polnischen Wiege Jahr für Jahr über die Ostgrenze hineindringen" […], „deren Kinder und Kindeskinder dereinst Deutschlands Börsen und Redaktionen beherrschen" sollten. So diente ein sowohl antijüdisches wie antipolnisches Stereotyp zur Mobilisierung politischer Leidenschaften, deren Ziel die Widerrufung von Gleichberechtigung und Integration für die jüdische Bevölkerung war. Noch das NS-Regime griff Treitschkes Kurzformel „Die Juden sind unser Unglück" zu Propaganda- und Mobilisierungszwecken auf.[6]

Zeitgleich spielten quasi spiegelbildlich stereotype Vorstellungen von Juden auch in Polen eine wichtige Rolle in der politischen Entwicklung. Hier

5 Isaak Rülf, Drei Tage in Jüdisch-Russland. Ein Cultur- und Sittenbild. Frankfurt am Main 1882, S. 82.

6 Heinrich von Treitschke, „Unsere Aussichten", in: Preußische Jahrbücher 44 (1879), S. 559–576, hier S. 572, 575.

war es jedoch umgekehrt die Vorstellung einer Zivilisierung und Europäisierung der Juden nach jüdisch-deutschem Vorbild, die die öffentliche Diskussion um Status und Integration der jüdischen Bevölkerung bestimmte. Diese Vorstellungen wurden durchaus von einer verhältnismäßig kleinen Schicht integrationsbereiter und reformwilliger jüdischer Autoren geteilt. In den ausgehenden Jahrzehnten des 19. Jahrhunderts war jedoch nicht erkennbar, dass Juden sich – etwa sprachlich und vom äußeren Erscheinungsbild her – in die christliche Mehrheitsgesellschaft integrieren ließen. Im Gegenteil, neue, distinkt jüdische politische Bewegungen entstanden (zu nennen wären hier gleichermaßen nationalistische wie sozialdemokratische Parteien), die von der Umgebungsgesellschaft unabhängige Ziele formulierten. Enttäuscht wandten sich prominente Autoren und Autorinnen – zu ihnen zählen etwa Bolesław Prus, Eliza Orzeszkowa und Aleksander Swiętochowski – von dem früher von ihnen vertretenen Ziel einer Annäherung von Juden und Nichtjuden ab.

Mehrere Faktoren trugen seit dem ausgehenden 19. Jahrhundert zu einer Neubewertung der osteuropäisch-jüdischen Kultur unter den deutschen Juden bei. Es war unübersehbar, dass trotz aller Anpassungsbemühungen eine tatsächliche und umfassende Integration an Grenzen stieß. Obwohl der Antisemitismus als politische Bewegung zu dieser Zeit nur beschränkt erfolgreich war und mit der Reichsgründung 1871 eine umfassende gesetzliche Gleichberechtigung eingeführt worden war, erfuhren Juden nachhaltige informelle Ausgrenzung. Antisemitismus war ein „kultureller Code" (Shulamit Volkov) geworden. Vor diesem Hintergrund erschien die osteuropäisch-jüdische Beharrung auf die eigene Kultur, Sprache und Religion in neuem Licht. In der zwischen 1901 und 1923 publizierten Zeitschrift „Ost und West", an der jüdische Redakteure und Autoren mit osteuropäischem Hintergrund prominent beteiligt waren, rückten Spiritualität und Gemeinsinn des polnischen Judentums in den Vordergrund. Die sehr erfolgreichen Übertragungen chassidischer Legenden durch Martin Buber (1878–1965) trugen viel zu einer idealisierenden Rezeption osteuropäisch-jüdischer Kultur im deutschsprachigen Raum bei.[7] Außerdem erfuhren im Ersten Weltkrieg deutsch-jüdische Soldaten im besetzten östlichen Europa eine zwar von Armut und Elend gezeichnete, aber auch durch Frömmigkeit geprägte jüdische Lebenswelt, die bei vielen Zweifel an der eige-

7 1906 publizierte Buber *Die Geschichten des Rabbi Nachman* (zurückgehend auf Legenden um den chassidischen Führer Nachman von Bratslav, 1772–1811), 1908 folgte *Die Legende des Baalshem* (die auf den bereits erwähnten Baal Schem Tov zurückging). Beide – sehr freien – Übertragungen haben seither zahlreiche Neuauflagen erlebt.

Die jüdische Zeitschrift „Ost und West" schenkte den polnischen Juden viel Aufmerksamkeit. Titelbild von Ephraim Moses Lilien, 1901.

nen, von religiöser Indifferenz und kultureller Beliebigkeit geprägten Lebensweise aufkommen ließen. Der 1920 publizierte, überaus erfolgreiche Essay „Das ostjüdische Antlitz" von Arnold Zweig (1887–1968) mit Illustrationen von Hermann Struck reflektierte diese Neubewertung. Nicht zuletzt aufgrund genauerer Kenntnis der Verhältnisse schilderte der galizische Autor Joseph Roth (1894–1939) die osteuropäisch-jüdische Lebenswelt deutlich realistischer – etwa die verheerenden Folgen des Ersten Weltkriegs in *Hotel Savoy* (1924). Beredtes Zeugnis vom großen Interesse deutscher Juden

„Porträt eines alten Mannes". Der Maler Hermann Struck zeichnete während des Ersten Weltkriegs im Osten seine Serie „Das ostjüdische Antlitz".

an der polnisch-jüdischen Lebenswelt legt auch *Reise nach Polen* (1925) von Alfred Döblin (1878–1957) ab, ein Reisebericht, der sich zwar durch empathische Neugier auszeichnet, aber gerade hierdurch die kulturelle Distanz zwischen observant-traditioneller Lebenswelt in Polen und städtisch-intellektueller jüdischer Existenz in Deutschland reflektiert.

Unter orthodoxen Rabbinern aus Ost und West hatte es von jeher mehr Kommunikation und Kooperation gegeben – diese sollte Anfang des 20. Jahrhunderts zu einer verstärkten politischen Kooperation führen, die auf eine Verteidigung der Werte eines gesetzestreuen Judentums abzielte. In Zusammenarbeit von neo-orthodoxen Rabbinern aus Deutschland, chas-

Grenzübergang Zbąszynek/Neu-Bentschen Ende Oktober 1938: Nach der überraschenden Abschiebung von tausenden polnischen Juden aus Deutschland verweigert Polen ihnen zunächst die Einreise.

sidischen Führungsfiguren aus Polen und Vertretern der ungarischen Ultra-Orthodoxie wurde im Mai 1912 in der schlesischen Industriemetropole Kattowitz die Bewegung *Agudas Israel* gegründet.[8] Diese Zusammenarbeit, die während des Ersten Weltkriegs sehr intensiviert wurde, trug im Polen der Zwischenkriegszeit erheblich zum Erfolg der hier auf lokaler und landesweiter Ebene als politische Partei antretenden *Agudas* bei.

Die unmittelbar nach der Machtergreifung der Nationalsozialisten 1933 einsetzende Diskriminierung, Ausgrenzung und Verfolgung der in Deutschland lebenden Juden wurde unter polnischen Juden mit großer Aufmerksamkeit verfolgt. Hierbei spielte auch die nach dem Tod von Marschall

8 *Agudas Israel* heißt so viel wie „Vereinigung von Israel" und bezieht sich auf die gemeinsame Herkunft aller Juden aus dem alten Israel. Die *Agudas* hatte ein distanziertes Verhältnis zur sich parallel entwickelnden zionistischen Bewegung.

Piłsudski (1867 – 1935) zunehmend autoritäre, Juden ausgrenzende polnische Innenpolitik eine Rolle. Jüdische Parteien unterstützten Boykott-Aufrufe gegen NS-Deutschland. Besonders prekär war in Nazi-Deutschland die Lage jener – meist polnischen – Juden, die aus Osteuropa stammten und aufgrund der Grenzverschiebungen nach dem Ersten Weltkrieg staatenlos geworden waren. Sie wurden zum Spielball deutsch-polnischer diplomatischer Auseinandersetzungen, die im Oktober 1938 in der Ausweisung von etwa 17 000 Juden nach Polen gipfelte. Eine vor allem polnisch-jüdische Hilfsaktion bemühte sich, den auf polnischer Seite Gestrandeten zu helfen. In Paris erschoss Herschel Grynszpan, ein heranwachsender Sohn einer so aus Deutschland vertriebenen Familie, als Zeichen des Protests am 7. November 1938 den deutschen Botschaftsangehörigen von Rath. Dieses Attentat diente dem NS-Regime als Vorwand für die Welle der Gewalt und Zerstörung, mit der es die Juden im Deutschen Reich in der Nacht vom 9. zum 10. November 1938 heimsuchte, und die einen wesentlichen Schritt in der Radikalisierung der Verfolgung hin zum Völkermord darstellte, dessen Umsetzung erst durch den deutschen Überfall auf Polen am 1. September 1939 und den weiteren Verlauf des Krieges möglich wurde.

Juden zwischen Polen und Deutschland. Holocaust, Nachkriegsjahre und Gegenwart

Gertrud Pickhan

„'Auschwitz' ist ein Niemandsland des Verstehens, ein schwarzer Kasten des Erklärens [...] Nur ex negativo, nur durch den ständigen Versuch, die Vergeblichkeit des Verstehens zu verstehen, kann ermessen werden, um welches Ereignis es sich bei diesem Zivilisationsbruch gehandelt haben könnte."[9]

Ausgehend von dieser Erkenntnis Dan Diners, die die Grenzen des Verstehens und zugleich die Einmaligkeit des historischen Vorgangs verdeutlicht, für den „Auschwitz" steht, soll in diesem Beitrag der Versuch unternommen werden, das jüdisch-polnisch-deutsche Beziehungsdreieck von

9 Dan Diner, „Zwischen Aporie und Apologie. Über Grenzen der Historisierbarkeit der Massenvernichtung", in: Babylon. Beiträge zur jüdischen Gegenwart, Heft 2, Juli 1987, S. 23 – 33, hier: S. 33.

1939 bis in die Gegenwart in seinen Grundzügen nachzuzeichnen. Unstrittig ist, dass Deutsche die Verantwortung für den Genozid tragen, dem sechs Millionen Jüdinnen und Juden zum Opfer fielen. Polen wurde während des Zweiten Weltkriegs zum Hauptschauplatz des nationalsozialistischen Völkermords an den europäischen Juden, der die polnische Judenheit und ihre in Jahrhunderten gewachsene Kultur und ihre Lebenswelten nahezu vollständig auslöschte. Alle sechs Vernichtungslager (Auschwitz-Birkenau, Bełżec, Chełmno, Majdanek, Sobibór, Treblinka), die der systematischen Massentötung dienten und in denen Männer, Frauen und Kinder auf unvorstellbar grausame Weise ermordet wurden, lagen auf dem Gebiet der Zweiten Polnischen Republik, die im September 1939 von Deutschland und der Sowjetunion annektiert wurde. In Polen befand sich zu diesem Zeitpunkt die größte jüdische Gemeinschaft in Europa.

Tor des Vernichtungslagers Auschwitz-Birkenau. Fotografie aus der Serie „Auschwitz heute" des Fotografen Martin Blume.

In Deutschland waren dagegen Juden und Jüdinnen bis zu ihrer Stigmatisierung durch die Nationalsozialisten kaum sichtbar. 1933 begann ihre systematische Entrechtung, gesellschaftliche Ausgrenzung und wirtschaftliche Beraubung. Demütigungen und Gewalterfahrungen gehörten nunmehr zum jüdischen Alltag in Deutschland, was mehr als die Hälfte der deutschen Juden und Jüdinnen (ca. 260 000) dazu veranlasste, das Land zu verlassen. Die Lage der in Deutschland Verbliebenen verschlechterte sich immer mehr, insbesondere nach dem Novemberpogrom 1938 und dem Kriegsbeginn im September 1939.

In noch stärkerem Maße war die polnische Judenheit nach dem Einmarsch der Wehrmacht in Polen dem Vernichtungswillen der deutschen „Herrenmenschen" schutzlos ausgeliefert. Die ersten Anzeichen für den beginnenden Völkermord zeigten sich bereits unmittelbar nach dem Einmarsch der Deutschen im September 1939, als Einsatzgruppen aus SS und Polizeieinheiten und einige Wehrmachtsangehörige damit begannen, Massenerschießungen vorzunehmen. Etwa 300 000 Juden und Jüdinnen konnten nach Kriegsausbruch in das sowjetisch besetzte Ostpolen fliehen, von wo aus sie in großer Zahl als „unzuverlässige Elemente" in das Innere der Sowjetunion deportiert wurden, was sich für sie aber letztlich als lebensrettend erweisen sollte.

In Polen war die Kennzeichnung der Juden durch eine Armbinde mit blauem „Davidstern", den sie seit Dezember 1939 tragen mussten, ein sichtbares Zeichen für ihre Aussonderung. In Deutschland wurde erst im September 1941 verordnet, dass ein gelber „Davidstern" zu tragen sei, was deutlich macht, dass bis zu diesem Zeitpunkt deutsche und polnische Juden und Jüdinnen in den Augen der Nationalsozialisten noch nicht vollständig gleichgestellt waren.

Seit 1940 wurden in Polen sogenannte jüdische Wohnbezirke eingerichtet, die größten Ghettos in Warschau und Lodz wurden mit Stacheldrahtzäunen, Mauern und Wachtposten umgeben. Dort lebten die Menschen auf engstem Raum zusammengepfercht, und ihre Lebensbedingungen verschlechterten sich rapide. Hunger, Krankheiten und Demütigungen gehörten nun zum Alltag, Gewalt und Tod waren ständig präsent.

Bereits 1940 hatten die Nationalsozialisten auch damit begonnen, deutsche Juden und Jüdinnen nach Osten zu deportieren. Massendeportationen aus dem „Altreich" setzten dann im Oktober 1941 ein. Ein Ziel war dabei das Ghetto in Lodz, in das knapp 20 000 Juden und Jüdinnen aus verschiedenen deutschen Städten wie auch aus Wien, Prag und Luxemburg verschleppt wurden. Die Zahl der aus Berlin ins Lodzer Ghetto Deportierten betrug über 4000. Kulturelle Differenzen, Sprachbarrieren und das Fehlen von Arbeitsmöglichkeiten erschwerten ihre Integration, und ihre Lebensumstände im Ghetto und führten zu einer höheren Sterblichkeit.

Zur Wahrung einer öffentlichen Ordnung in den Ghettos wurden von den Nationalsozialisten Judenräte eingesetzt und gleichzeitig als Handlanger bei der Organisation der Deportationen missbraucht. Um die Not der Menschen zu lindern, entstanden Einrichtungen wie die Jüdische Selbsthilfe. Ebenso wie andere Aktivitäten, die dazu beitrugen, die menschliche Würde der Ghettobewohner entgegen dem erklärten Willen der übermächtigen Besatzer zu schützen und zu wahren, zählen sie zum zivilen Widerstand. Zudem kam es auch zu bewaffneten Aufständen. Von emblematischer Bedeutung ist der Aufstand im Warschauer Ghetto, doch auch in Wilna und in anderen Ghettos sowie in den Vernichtungslagern gelang es Juden zum Teil mit polnischer Hilfe, sich zu bewaffnen und ein Zeichen gegen die nationalsozialistische Übermacht zu setzen.

Der Übergang zum systematischen Völkermord steht zeitlich in Verbindung mit dem deutschen Angriff auf die Sowjetunion im Sommer 1941. Massenerschießungen und Massaker an der jüdischen Bevölkerung in den nun eroberten Gebieten hatten Rückwirkungen auf die Maßnahmen im besetzten Polen, wo in der zweiten Jahreshälfte 1941 damit begonnen wurde, Giftgas zur Massentötung einzusetzen. In kurzer Folge entstanden dann die sechs Vernichtungslager, eine erste Deportationswelle setzte im Frühjahr 1942 ein. Nach den massenhaften Deportationen im Sommer 1942 hatte bereits eine große Mehrheit der polnischen Juden und Jüdinnen ihr Leben auf unvorstellbar grausame Weise verloren. Nach der Verschleppung und Ermordung von Juden aus dem nationalsozialistisch besetzten Europa wurde Polen schließlich zu einem gigantischen Massenfriedhof für rund 80 Prozent der sechs Millionen ermordeten Juden und Jüdinnen.

Die Zahl der Überlebenden ist nur schwer zu ermitteln. Neuere Schätzungen gehen von insgesamt 425 000 aus. Viele polnische Juden und Jüdinnen waren bei Kriegsausbruch in die Sowjetunion geflohen. Nach verschie-

Das Warschauer Ghetto: Verbindungsbrücke zwischen dem „Kleinen" und dem „Großen" Ghetto über eine nicht zum Ghetto gehörende Straße.

denen Schätzungen konnten 20–60 000 ihr Leben dank der Unterstützung durch polnische Männer und Frauen in Verstecken oder mit einer falschen Identität retten, weitere 20–40 000 wurden am Ende des Krieges aus den Konzentrations- und Vernichtungslagern befreit. Da auch die polnische Bevölkerung der nationalsozialistischen Gewalt ausgesetzt war und zudem antisemitische Denkmuster weiterhin wirkmächtig waren, blieb aber die Mehrheit gegenüber dem jüdischen Martyrium gleichgültig und sah nur das eigene Leid. Durch die radikalen Ausgrenzungsmaßnahmen wurden Juden auch in den Augen mancher Polen und Polinnen entmenschlicht, was zu öffentlichen Demütigungen und gewaltsamen Ausschreitungen führte. Selbst

Teile der katholischen Kirche äußerten ihre Zustimmung zur nationalsozialistischen Judenpolitik. Gleichzeitig riskierten freilich auch etliche Polen und Polinnen ihr Leben, um den Verfolgten beizustehen. Das Spektrum möglicher Verhaltensweisen der polnischen Bevölkerung reichte somit von aktiver Hilfe für die Verfolgten bis zu Denunziation und aktiver Beteiligung am Genozid wie in Jedwabne, wo die jüdische Stadtbevölkerung im Sommer 1941 durch ihre polnischen Nachbarn in eine Scheune gesperrt und bei lebendigem Leibe verbrannt wurde. In Polen wurden diese Vorgänge erst nach dem Ende des Kommunismus ausführlich thematisiert.

Dies gilt auch für die Pogrome, die unmittelbar nach Kriegsende stattfanden und denen über 1000 Überlebende zum Opfer fielen. Am Beispiel der Vorgänge in Kielce wird deutlich, dass die antijüdischen Ausschreitungen durch Ritualmord-Gerüchte angefacht wurden. Der eigentliche Hintergrund war jedoch bloße Besitzgier: Man wollte verhindern, dass die überlebenden Juden und Jüdinnen ihre Wohnungen zurückfordern konnten. Dies führte dazu, dass bereits im Juni 1946 rund 240 000 Überlebende Polen in Richtung Westen verließen, 1948 waren es 88 000, 1952 dann noch einmal 58–70 000. Die Ursachen dieses Massenexodus waren nicht nur die erneuten antijüdischen Gewaltausbrüche, sondern auch der Verlust der im Holocaust ermordeten Angehörigen und die Tatsache, dass Polen zu einem Massenfriedhof geworden war.

Mit der Ausreise der Mehrzahl der polnischen Holocaust-Überlebenden endete auch die Phase der Neuansiedlung von polnischen Juden und Jüdinnen in den vormals deutschen und nunmehr aus polnischer Sicht „wiedergewonnenen" Gebieten im Westen der 1945 gegründeten Volksrepublik Polen. Insbesondere in Niederschlesien entfaltete sich unmittelbar nach Kriegsende ein „pulsierendes jüdisches Leben" (Polonsky). Es wurde von rund 140 000 Überlebenden getragen, die sich dort zunächst auf einen Neuanfang unter kommunistischen Vorzeichen einstellten, bis eine Mehrzahl von ihnen das Land dann verließ. Aus Sicht des bereits 1944 gegründeten „Zentralkomitees der Juden in Polen" (Centralny Komitet Żydów w Polsce) wie auch der neuen Staats- und Parteiführung sprach einiges für eine jüdische Besiedlung der neuen polnischen Westgebiete. So verfügten die meisten Überlebenden anders als die polnische Bevölkerung über Vorkriegserfahrungen in städtischen Berufen, was bei der Aneignung der ehemals deutschen Städte von großem Nutzen sein konnte. Auch waren Überlebende dort nicht in einem so hohen Maße wie im Inneren des Landes gewalttätigen Ausschreitungen ausgesetzt. Dennoch standen die meisten, deren Leben in den Jahren zuvor durch Angst, größte Not und Todesgefahr geprägt war, nun vor existentiellen Entscheidungen: Bleiben oder gehen? Jude bleiben, Pole werden oder beides sein? Nicht wenige hofften auf eine neue und bessere Welt in einer sozialistischen Volkrepublik. Dies verdeutlicht schlaglichtartig der Titel einer jiddischsprachigen Zeitschrift, die in den ersten Nachkriegsjahren erschien: „Dos naye lebn" (Das neue Leben).

Die wichtigste jüdische Institution im Nachkriegspolen war das „Zentralkomitee der Juden in Polen", das auch auf regionaler und lokaler Ebene vertreten war und über verschiedene Abteilungen verfügte. Dazu gehörte eine Historische Kommission, die es sich zur Aufgabe machte, den Massenmord zu dokumentieren und der Ermordeten zu gedenken. Bereits 1947 war das Zentralkomitee kommunistisch dominiert und geriet nach seiner Umbenennung 1950 zum „Verband für Gesellschaft und Kultur der Juden in Polen" (Towarzystwo Społeczno-Kulturalne Żydów w Polsce, Abkürzung: TSKŻ) vollständig unter die Kontrolle von Partei und Regierung.

Im selben Jahr wurde auch in der Bundesrepublik der „Zentralrat der Juden in Deutschland" gegründet. Ein Großteil seiner Mitglieder kam aus Osteuropa, vor allem aus Polen. Es handelte sich dabei um jüdische Überlebende, die nach Kriegsende in den DP-Camps lebten, die vor allem in der amerikanischen Besatzungszone eingerichtet wurden. Nach dem aktuellen Forschungsstand hielten sich in den ersten Nachkriegsjahren ca. 250000 jüdische „Displaced Persons" in Westdeutschland auf. Die überwiegende Mehrzahl hatte polnische Wurzeln; es waren die Menschen, für die ein Weiterleben in Polen nach Pogromen wie in Kielce unmöglich geworden war.

Sie brachten ihre Sprache und Kultur mit nach Westdeutschland, das für einen kurzen Zeitraum zumindest in den DP-Camps zum „Jiddischland" wurde. Jiddisch war dort die Alltagssprache; Zeitungen und Kulturveranstaltungen in jiddischer Sprache sollten das (Über-)Leben der dem Tod Entkommenen erträglicher machen. Die unterschiedlichen Lebenswelten der polnischen und der deutschen Judenheit führten auch noch unter den Überlebenden mitunter zu Spannungen und Konflikten, auch wenn von vornherein klar war, dass die meisten jüdischen DPs nicht in Deutschland

Ignaz Bubis, Mitte der 1990er Jahre

bleiben, sondern in die USA und nach Palästina ausreisen wollten. Mit der Gründung des Staates Israel 1948 verloren die DP-Camps zunehmend an Bedeutung; 1957 wurde das letzte in Föhrenwald in Bayern geschlossen.

12–15000 jüdische Displaced Persons entschieden sich dafür, in Westdeutschland zu bleiben. Sie bildeten zusammen mit ebenso vielen deutsch-jüdischen Überlebenden die Keimzelle der jüdischen Gemeinden in der Bundesrepublik. In der DDR dagegen bestanden nur noch einige wenige sehr kleine Gemeinden, die 1990 lediglich 350 Mitglieder zählten. Vor dem Hintergrund der Stigmatisierung Deutschlands als „blutgetränkte Erde" durch den Jüdischen Weltkongress und der Feststellung eines des führenden Repräsentanten des deutschen Judentums, Leo Baeck, dass die Epoche der Juden in Deutschland ein für allemal vorbei sei, ist es umso erstaunlicher, dass Holocaust-Überlebende in der Bundesrepublik einen Neuanfang wagten. Zu ihnen gehörte auch Ignatz Bubis (1927–1999), der aufgrund seiner eigenen Biographie und Lebenserfahrung zu einem Mittler zwischen deutsch-jüdischen Überlebenden und Überlebenden mit Wurzeln im östlichen Europa wurde. Ignatz Bubis wurde in Breslau geboren, zog dann aber 1935 angesichts der zunehmenden Bedrohung mit Eltern und Geschwistern in die Kleinstadt Dęblin in der Wojewodschaft Lublin. Jedoch entkam er den Deutschen nicht. 1941 wurde er in das Ghetto umgesiedelt, das in Dęblin eingerichtet wurde. Sein Vater und seine Geschwister wurden von den Deutschen ermordet, Ignatz Bubis überlebte als junger Zwangsarbeiter in einer Munitionsfabrik in Tschenstochau und ging nach Kriegsende zunächst nach Berlin, 1956 dann nach Frankfurt a. M., wo er im Immobiliengeschäft tätig war. Als dies 1985 von Rainer Werner Fassbinder in dem

Theaterstück *Der Müll, die Stadt und der Tod* mit negativer Deutungsabsicht auf die Bühne gebracht werden sollte, verhinderte Ignatz Bubis durch öffentlichen Protest die Aufführung. Zu diesem Zeitpunkt war er bereits Mitglied im Direktorium des Zentralrats der Juden in Deutschland, dessen Vorsitz er 1992 übernahm.

Seit Beginn der 1990er Jahre veränderte sich das jüdische Leben in Deutschland durch den Zuzug der sogenannten Kontingentflüchtlinge aus der Sowjetunion nachhaltig. Auch in diesem Prozess nahm Ignatz Bubis eine entscheidende Mittlerposition ein. Zudem gelang es ihm, durch eine starke Medienpräsenz die bislang weitgehend im Hintergrund agierenden jüdischen Gemeinden zu wichtigen Akteuren in der deutschen Öffentlichkeit zu machen. Durch Neubauten von Synagogen und das neue Jüdische

Das Jüdische Museum in Berlin erlaubt seit 2001 Einblicke in die jüdische Geschichte.

Museum in Berlin (2001 eröffnet) wurde dies noch verstärkt. In der deutschen Gesellschaft begann eine intensive Aufarbeitung der NS-Vergangenheit und des Holocaust erst in den 1960er Jahren und vermehrt im Zuge der 68er-Bewegung. Auch die akademische Forschung zur deutsch-jüdischen Geschichte setzte erst in diesen Jahren ein. In zahlreichen Geschichtswerkstätten befassten sich außerdem interessierte Bürgerinnen und Bürger mit der lokalen Geschichte der jüdischen Bevölkerung und der Judenverfolgung. Durch die 68er-Bewegung wurde auch thematisiert, dass viele Deutsche, die in der NS-Zeit wichtige Positionen eingenommen hatten, weiterhin in der Bundesrepublik tätig waren. Die Ausstrahlung der amerikanischen Fernsehserie Holocaust im westdeutschen Fernsehen 1979 bewirkte, dass die Geschichte der Opfer und der Täter auch in einer breiten

Artur Brauner flüchtete 1940 vor der Ghettoisierung der Lodzer Juden in die Sowjetunion. Nach dem Krieg kam er nach West-Berlin und wurde dort erfolgreicher Filmproduzent.

Öffentlichkeit wahrgenommen wurde. Dennoch kam es im Zuge der Vereinigung der beiden deutschen Staaten von neuem zu einer deutlichen Zunahme antisemitischer Vorfälle und zum Anwachsen von Rechtsextremismus und Neo-Nazis.

Das Jahr 1968 hatte auch in Polen eine besondere Bedeutung. Nach dem jüdischen Exodus der ersten Nachkriegsjahre war es in der zweiten Hälfte der 1950er Jahre zu einer neuen Ausreisewelle gekommen. Zuvor waren in der Zeit des Stalinismus fast alle jüdischen Organisationen aufgelöst worden, was dazu führte, dass sich die in Polen Verbliebenen zunehmend polonisierten. Dennoch kam es in der Übergangsphase vom Stalinismus zum Tauwetter und durch einen polnischen „Nationalkommunismus" abermals zu antisemitischen Vorfällen, nach denen rund 50 000 überlebende Juden und Jüdinnen das Land verließen. Die meisten der in Polen Verbliebenen (30–35 000) hatten kaum noch einen Bezug zu ihrer jüdischen Herkunft und fühlten sich als Polen und Polinnen, die es umso härter traf, als 1968 eine erneute antisemitische Welle durch Polen ging. Verantwortlich dafür war eine Gruppe von Spitzenfunktionären der Arbeiterpartei, die durch die antisemitische Kampagne ihren Einfluss und ihre Macht ausbauen wollten. Auf der mittleren Parteiebene, in den Universitäten und anderen Einrichtungen ging es auch darum, die jüdischen Kollegen und Kolleginnen zu verdrängen, um ihre Posten einzunehmen. In Teilen der polnischen Bevölkerung wurde die bereits seit der Zwischenkriegszeit wirkmächtige Vorstellung eines „Judenkommunismus" (poln. *żydokomuna*) durch die antisemitische Kampagne bestärkt.

Ihr Ergebnis war, dass noch einmal 13–15 000 polnische Juden und Jüdinnen, unter ihnen viele Intellektuelle, das Land verließen und sich fortan in Israel, in den USA und anderen westlichen Ländern, darunter auch die Bundesrepublik, niederließen. In Polen begannen nun allmählich einige Mitglieder der jüngeren Generation, die Entscheidung ihrer Eltern für den Kommunismus und die Assimilation zu hinterfragen und die eigene „Jüdischkeit" zu entdecken, was durch zunehmende Kontakte nach Israel und in die USA befördert wurde. Zwar war Polen nach dem letzten jüdischen Exodus nahezu monoethnisch (polnisch) und monokonfessionell (katholisch), dennoch wuchsen auch in der polnischen Bevölkerung ganz langsam das Interesse für die zerstörte jüdische Kultur des Landes und die Bereitschaft, sich dem polnischen Antisemitismus zu stellen. So wurde in der oppositionellen Solidarność-Bewegung erstmals offen über die Ermordung der Juden und Jüdinnen in Kielce 1946 gesprochen. Auch in der Arbeiterpartei wurden die Ereignisse des Jahres 1968 und die polnisch-jüdischen Beziehungen zumindest von einigen ihrer Vertreter diskutiert. Bereits in den 1970er Jahren hatten liberal-katholische Intellektuelle eine „Woche der jüdischen Kultur" initiiert. Dennoch kam Marek Edelman, Holocaust-Überlebender und einer der Anführer im Warschauer Ghetto-Aufstand, 1980 ähnlich wie Leo Baeck 1945 in Hinblick auf Deutschland zu dem Schluss, dass das jüdische Leben in Polen vorbei und nur noch eine literarische Fiktion sei. Und auch Ignatz Bubis zog am Ende seines Lebens die traurige Bilanz: „Ich wollte diese Ausgrenzerei, hier Deutsche, dort Juden, weghaben. Ich habe gedacht, vielleicht schaffst du es, daß die Menschen anders übereinander denken, anders miteinander umgehen. Aber, nein, ich habe fast nichts bewegt."[10]

Die jüdischen Lebenswelten, in denen Marek Edelman als Jugendlicher im jüdischen Viertel Warschaus seine prägenden Erfahrungen gemacht hatte, wurden im Zuge des Holocaust ebenso wie die Menschenleben von rund drei Millionen polnischen Juden und Jüdinnen grausam ausgelöscht. In Deutschland wurde durch den Nationalsozialismus die Vorstellung von deutschen Staatsbürgern jüdischen Glaubens unmöglich gemacht, nachdem über 140 000 deutsche Juden und Jüdinnen ermordet worden waren. Das (Über-)Leben polnischer und deutscher Juden und Jüdinnen wurde durch ihre jeweiligen Leidensgeschichten, den Verlust der Angehörigen und die Erfahrung von grenzenloser Einsamkeit geprägt. Und dennoch:

10 http://www.hagalil.com/deutschland/bubis/presse/stern.htm

Im Vordergrund das Denkmal der Helden des Warschauer Ghettos, im Hintergrund das 2014 eröffnete Museum für die Geschichte der polnischen Juden („Polin") in Warschau.

In Deutschland wie in Polen wuchs nach dem Ende des Kommunismus die Hoffnung, dass sich jüdisches Leben nunmehr frei und ungehindert entfalten kann. Die jüdischen Gemeinden – in Deutschland, wenn auch nicht immer konfliktfrei, gestärkt durch die Migranten und Migrantinnen aus Osteuropa, in Polen nun auch getragen von jüngeren Gläubigen – zeichnen sich gegenwärtig in ihrer Gesamtheit durch religiöse Vielfalt und Offenheit gegenüber der nichtjüdischen Umwelt aus. Es gibt in beiden Ländern wieder jüdische Kindergärten und Schulen, und auch in Warschau zieht seit Herbst

2014 das Museum für die Geschichte der polnischen Juden, dessen Name „Polin" ist, viele Besucher und Besucherinnen aus dem In- und Ausland an. Seine wichtigste Botschaft ist, dass es keine polnische Geschichte ohne Juden und keine jüdische Geschichte ohne Polen gibt. Zugleich lautet die Widmung im Ausstellungskatalog: „Für zukünftige Generationen". Dies erinnert an die Worte der damaligen Präsidentin des Zentralrats der Juden in Deutschland Charlotte Knobloch, die anlässlich der Einweihung der neuen Synagoge in München 2006 äußerte, die Koffer seien nun ausgepackt, die Juden in Deutschland angekommen. Davon ausgehend verweist Michael Brenner auf den langen Weg „von der geächteten Existenz ‚auf der blutgetränkten Erde' über die ‚gepackten Koffer' zu dem festen Willen, da zu bleiben, ‚wo man ein Haus baut'".[11]

Bemerkenswert ist auch, dass es gegenwärtig viele junge Israelis in die deutsche Hauptstadt zieht. Deren Nähe zu Polen macht es ihnen möglich, in das Land zu fahren, in dem nicht wenige ihre familiären Wurzeln haben. Dass auch dies nicht nur Geschichte ist, zeigt die Tatsache, dass zahlreiche Israelis die polnische Staatsangehörigkeit beantragt und erhalten haben. Die langen Schatten der Vergangenheit werden wohl nicht weichen, dennoch bleibt die Hoffnung auf eine Zukunft, in der Deutsche, Polen und Polinnen und Juden und Jüdinnen einander friedlich und ohne Vorbehalte begegnen.

11 Michael Brenner, „Einleitung", in: Geschichte der Juden in Deutschland von 1945 bis zur Gegenwart. Politik, Kultur, Gesellschaft. Hg. von Michael Brenner. München 2012, S. 9 – 14, hier: S. 13 – 14

Der Krrritiker: Marcel Reich-Ranicki

Gerhard Gnauck

Im 19. und 20. Jahrhundert pflegten die Deutschen ihre östlichen Nachbarn von oben herab zu betrachten, sogar zu verachten. Ähnlich war das Verhältnis der – oft assimilierten – deutschen Juden gegenüber den Juden aus Mittel- und Osteuropa. Erstere sahen in ihnen gern die „armen, rückständigen Verwandten aus dem Osten". Entsprechend konnte sich Marcel Reich-Ranicki („MRR") maßlos aufregen, wenn jemand ihn als Abkömmling des östlichen Ghetto-Judentums beschrieb; er hat deswegen sogar das Erscheinen einer Biographie über sich verhindert. Der „Literaturpapst" ignorierte auch konsequent die in Osteu-

Marcel Reich-Ranicki im Jahr 1995.

ropa verwurzelte jiddische Literatur. Freilich konnte er nichts daran ändern, dass sein Kritikerkollege Hans Mayer ihn höhnisch „der große Pole" titulierte.

Dabei hatten nur wenige einen so bewegten Lebenslauf zwischen Polen und Deutschland. 1920 in Włocławek geboren, zog die überwiegend polnisch sprechende Familie 1929 aus wirtschaftlichen Gründen zu Verwandten nach Berlin. Nach seinem Abitur, 1938, wurde Marceli Reich (so der Geburtsname) von den NS-Behörden wie Tausende polnischer Juden nach Polen deportiert. Nach Kriegsausbruch war Reich Übersetzer im Warschauer Judenrat und schrieb zugleich im Ghetto erste Musikkritiken, bis er mit seiner Frau Teofila 1943 floh und im Haus der polnischen Familie Gawin versteckt wurde, was für alle Beteiligten ein tödliches Risiko bedeutete.

Nach dem Krieg meldete sich das Ehepaar beim polnischen Ministerium für Öffentliche Sicherheit, wo Reich eine steile Karriere machte. Auf Posten in Berlin und London wirkte Reich – seit 1948 unter dem Decknamen Ranicki – für die kommunistischen Behörden an der Bespitzelung vieler Polen mit. Nach seiner Abberufung und Rückkehr nach Warschau widmete er sich (1950 – 58) einem anderen Gebiet, das in Polen seinerzeit wenig populär war: der deutschen Literatur. Er wurde ein führender Rezensent und lernte bereits damals in Warschau zahllose deutsche – ebenso wie polnische – Autoren kennen. Darunter Günter Grass, dem er sich (scherzhaft?) so vorstellte: „Ich bin ein halber Pole, ein halber Deutscher und ein ganzer Jude."

1958 setzte sich die Familie in die Bundesrepublik Deutschland ab, wo der Kritiker – jetzt als Reich-Ranicki – abermals Karriere machte. Zunächst schrieb er öfter über polnische Literatur, doch bald wurde die deutsche Literatur abermals zum Schwerpunkt seiner Arbeit. Als Mitarbeiter von „Welt", „Zeit", FAZ und schließlich des ZDF wurde er zum anerkannten „Literaturpapst".

Sein Verhältnis zu Polen war seit dem Krieg ein zwiespältiges und traumatisches. Über Warschau schrieb er in seiner Autobiographie *Mein Leben*: „Beinahe zwanzig Jahre habe ich hier unendlich viel erlebt und ertragen, gelitten und geliebt." Mit dem (längst erwachsenen) Sohn Andrew sprach das Ehepaar bis zuletzt Polnisch. Die Reich-Ranickis verfolgten auch das literarische Leben in Polen und hatten viele Bekannte polnischer und polnisch-jüdischer Herkunft.

Doch andererseits haben die Reich-Ranickis Polen nie wieder besucht. Vermutlich war ein Grund dafür, dass Reich-Ranicki in Polen kritischer gesehen wird als anderswo. Zum einen, weil er – auch nach Enthüllungen über seine Spitzeltätigkeit – diese Verstrickung relativierte und sich selbst zum Opfer des Regimes stilisierte. Zum anderen, weil seine temperamentvoll vorgetragene Kritik an führenden polnischen Autoren im ZDF im Jahr 2000 als pauschaler Angriff auf die neue polnische Literatur verstanden wurde.

Nicht zu vergessen: Reich-Ranicki verdankte zwar Polen sein Überleben in Zeiten des Holocaust, hatte aber auch polnischen Antisemitismus erlebt, eine Erinnerung, die er, je später, desto häufiger, hervorhob.

Polen als die „Heimat" MRRs zu bezeichnen, wäre also gewagt. Er selbst sah Heimat woanders: Sein Vaterland sei die Literatur, vor allem die deutsche. Doch zugleich war er ein Einwanderer in Deutschland, sogar zweimal, 1929 und 1958. Einer wie Millionen Menschen vor ihm und nach ihm, die aus dem Osten Europas kamen und im Westen – aus welchen Gründen auch immer – ein besseres Leben suchten. 2013 starb der für sein phänomenal rollendes „R" (ein polnisches R!) bekannte Kritiker.

Orte des Austausches, Orte des Konflikts

Oberschlesien ist wie Fußball

Marcin Wiatr

Oberschlesien erscheint als äußerst rätselhaft. Schon wegen der hierzulande immer noch vorherrschenden Meinung von der Region als einer postindustriellen Mondlandschaft. Die vielschichtige ethnisch-kulturelle Dimension wirkt manchmal, ungewollt, in die gleiche Richtung. Auch deshalb ist Oberschlesien wie Fußball selbst: dynamisch, spannend und ergebnisoffen.

Wenn man an Oberschlesien denkt, denkt man eher nicht an eine europäische, fußballbegeisterte Region, aus der im 20. Jahrhundert Spieler hervorgingen, die die deutsche und polnische Fußballgeschichte prägten. Egal ob in Deutschland oder in Polen, man verbindet mit dieser Industrieregion vor allem eines: Probleme.

Lebensläufe der Oberschlesier sind außergewöhnlich verzwickt, sie stimmen mit der polnischen Identität, Geschichte und Erinnerungskultur nicht immer ganz überein. Und auch wenn Oberschlesiern eine gewisse Affinität gegenüber dem Deutschen nachgesagt wird, gibt es auch hier so manche kulturgeschichtlich bedingte Brüche. Vielmehr trifft das Phänomen eines transnationalen Übergangs zu. Die nationalen Identitäten der Oberschlesier sind kaum eindeutig zu verorten, sondern bleiben bis heute in höchstem Maße labil. Wenn überhaupt eine Identifikation stabil ist, dann noch am ehesten jene mit der Region. Der oberschlesische Schriftsteller Stanisław Bieniasz brachte diese Eigenart Oberschlesiens folgendermaßen auf den Punkt: „Hier war alles möglich: Der Deutsche konnte Pole werden, der Pole Deutscher, und er musste es sich nicht einmal vormachen oder einreden, denn in vielen Oberschlesiern steckten der Pole und der Deutsche gleichzeitig […].“[1] Dieser duale Charakter der hier lebenden Menschen kam nicht immer gut an.

Diese Art von Unverständnis wirkt bis heute nach: Dürfen die aus Oberschlesien stammenden Spieler Miroslav Klose und Lukas Podolski jubeln, wenn sie gegen Polen ein Tor schießen? Auf den ersten Blick scheint die Frage absurd. Doch sie wurde ernsthaft in polnischen und deutschen Medien erörtert. In Oberschlesien selbst geht man mit dem Thema gelassener um, denn die regionale Fußballgeschichte eröffnet Chancen, sich unter Wahrung seiner kulturellen Vielfalt zugleich gesellschaftlich neu zu denken.

1 Stanisław Bieniasz, Oberschlesier im 20. Jahrhundert. Gliwice 2005, S. 40.

Die Königshütte in Oberschlesien. Totalansicht. Nach einer Skizze von H. A. Littmann. (S. 4)

Die oberschlesische Königshütte (oben) und die dortigen Eisenwalzwerke (unten). Druck um 1870.

In der zweiten Hälfte des 19. Jahrhunderts wurde die Region zum zweitwichtigsten deutschen Industriegebiet, weil unter der Erde schwarzes Gold zu finden war – Kohle. Nach dem Ersten Weltkrieg zerrissen nationale Ansprüche seitens Polens, der Tschechoslowakei und Deutschlands die Industrieregion in drei Teile. Der Zweite Weltkrieg brachte über alle hier lebenden Bevölkerungsgruppen ein nie dagewesenes Leid. 1939 und 1945 folgten Grenzverschiebungen, Flucht und Vertreibungen. Im von Kommunisten regierten Polen wurde Oberschlesien aufgrund des forcierten Ausbaus der Schwerindustrie zum ökologischen Katastrophengebiet. Es war so verseucht, dass 4,6 Millionen Menschen, die hier lebten, eigentlich hätten evakuiert werden müssen. Der Zusammenbruch des Kommunismus brachte Freiheit, aber auch tiefe soziale Einschnitte mit sich. Bergbau und Stahlindustrie gerieten in eine tiefe Krise. Der Verlust von Arbeitsplätzen bedeutete den Untergang eines durch die Montanindustrie geprägten Lebensstils und eines eigenen sozialen Gemeinschaftslebens. Wenn auch noch die Fußballbegeisterung verblieb und emotional an die Region band, konnte doch auch sie nicht hinwegtäuschen über den zwingend notwendigen Strukturwandel. Oberschlesien, ein Flickenteppich „schwebender" Identitäten und Doppelidentitäten, ließ damals viele nichts Gutes ahnen. Auch heute noch fällt es manchen Politikern allzu leicht, dieser Region vermeintliche „mangelnde Loyalität gegenüber dem Nationalstaat" sowie das Streben nach autonomer Selbständigkeit anzukreiden. Kurzum, ein „trojanisches Pferd" des Nachbarlandes zu sein. So machte vor den Parlamentswahlen von 2011 die Aussage eines nationalkonservativen Politikers die Runde, die Behauptung, es gebe eine oberschlesische Identität, sei im Grunde genommen eine „verkappte deutsche Option".

Solche Reaktionen kommen vor allem deshalb vor, weil die frühere Grenzlage dieser Region bis heute stark nachwirkt. Besonders seit 1989 entwickelt sich hier ein immer stärkeres Regionalbewusstsein mit diversen Identitätsangeboten. Dass die vielfältige Geschichte und Kultur der Region intensiv aufgearbeitet wird, spielt dabei eine Schlüsselrolle. Solche Vorgänge werden nicht nur von der deutschen Minderheit oder regionalpolitischen Kräften wie der Oberschlesischen Autonomiebewegung (RAŚ) getragen, sondern auch von Teilen der wissenschaftlichen und kulturellen Elite der Region.

Ohne Zweifel gibt es also ein starkes regionales Bewusstsein, das sich auch sprachlich im regionalen Dialekt (den auch Angehörige der deutschen Minderheit fließend sprechen) artikuliert. All diese oberschlesischen Besonderheiten, die sich nicht zuletzt im Fußball manifestieren, werden manchmal von nationalbewussten Polen als Separatismus interpretiert. Oberschlesier, insbesondere auch diejenigen, die sich klar zur deutschen Minderheit bekennen, halten dagegen. Der Verdacht, das einst umkämpfte Land wolle erst Autonomie und dann wieder zu Deutschland gehören, sei aus der Luft gegriffen. Man wolle keine Tore nur für sich selbst erzielen, sondern im zentralistisch regierten Polen mehr regionale Selbstbestimmung erlangen. Denn die Gesellschaft funktioniere wie eine Fußballmannschaft – es komme nicht nur auf Leistungsdruck an. Wichtig seien auch ein guter Teamgeist, gegenseitiges Vertrauen und die Freiheit, seine Stärken dort einzusetzen, wo man sie am besten aufgehoben glaubt. Solche Bekundungen wirken für polnische Eliten, vor allem außerhalb der Region, immer noch wie Glaubenssätze gegen die Vernunft. So ist es bis heute nicht wirklich gelungen, diese „problematische" Region dem kollektiven Bewusstsein der Polen entscheidend näherzubringen.

Diese Region braucht deshalb Fußball wie Luft zum Atmen, auch um einstige, aber bis heute fortwirkende nationale Gegensätze zu überwölben. Man möchte ein neues Image für sie stiften. Mit den Ideen zur Industriekultur und zum gemeinsamen Kulturerbe, das verbindet und nicht trennt, steht man am Anfang eines spannenden Weges. Für diesen Prozess ist eine positive Identifikation mit der Region die erste Voraussetzung. Fußball könnte als Teil des Kulturerbes eine solche regionale Identität stärken und nationales Denken zu überwinden helfen. Er kann zwar trennen, führt aber auch zusammen, was zusammengehört. So die gemeinsame deutsch-polnische Geschichte, die hier verschmilzt. Fußballer, die dieses Phänomen widerspiegelten, waren in der Volksrepublik Polen weitgehend tabuisiert. Das Oberschlesische, das seine vielschichtige Identität aus slawischen und deutschen Elementen speiste, musste über viereinhalb Jahrzehnte lang im Untergrund bleiben, um nur von Zeit zu Zeit auf sich aufmerksam zu machen. Als 1954 im Finale der Fußball-Weltmeisterschaft die (west-)deutsche Nationalelf mit den favorisierten Ungarn um den Sieg rang, hat das ganze Zaborze (deutsch geprägter Stadtteil von Zabrze, dem einstigen Hindenburg) an den Radioempfängern mitgefiebert, um nach dem Abpfiff in wahrhaftig lateinamerikanischer Manier den Sieg der „Unseren" zu feiern. Hätte damals die polnische Nationalmannschaft die Ungarn bezwungen, hätte man in diesem Stadtteil wohl genauso gefeiert. Schließlich haben auch oberschlesische Kicker für beide Nationalmannschaften gespielt.

Aber selbst heute noch fällt es vielen Polen nicht leicht zu verstehen, warum die Menschen in Oberschlesien mal für Polen, mal für Deutschland jubeln. Nicht zufällig erzählt man sich, dass Oberschlesier bei einem direkten Aufeinandertreffen beider Nationalmannschaften eine Kerze für die Heilige Anna vom St. Annaberg anzünden, damit es unentschieden ausgehen möge. Geht es anders aus, so ist es halb so schlimm. Man sei zuletzt immer ein Gewinner und feiere eben die oberschlesischen Jungs in beiden Teams – gemäß dem Motto: „Egal, wie es heute ausgeht, Oberschlesien geht sowieso nicht unter."

Besuch einer Delegation des Deutschen Fußball-Bunds in der Gedenkstätte Auschwitz-Birkenau im Sommer 2012 vor der Fußball-Europameisterschaft in Polen und in der Ukraine. Links der aus Oberschlesien stammende Nationalspieler Miroslav Klose.

Das Phänomen des oberschlesischen Fußballs lebt fort. Die in Gleiwitz geborenen Spieler Sebastian Boenisch, Lukas Podolski und Adam Matuschyk, nicht zuletzt der deutsche Ex-Nationalspieler und WM-Rekordtorschütze Miroslav Klose aus Oppeln agieren für die eine oder andere Nationalmannschaft. Sie alle symbolisieren Schicksale von europäischen Grenzgängern. Ihre Biographien könnten helfen zu verstehen, warum etwa in Sosnitza, einem Stadtteil von Gleiwitz, Jugendliche mit einem deutschen Podolski-Trikot auf der Straße kicken – und gar keinen Begriff davon haben, dass er einer anderen Fußballnation angehört, weil er für sie einfach ein Oberschlesier ist. Das kann man auch als wichtiges Zeichen für eine europäische Zukunft werten, in der die eigene Herkunft, die der Eltern oder Groß- und Urgroßeltern nicht mehr die entscheidende Rolle spielt.

Die Kaschuben. Identitäten zwischen Region und Nation

Miloš Řezník

Als die polnische Nationalbewegung in der zweiten Hälfte des 19. Jahrhunderts ihre Massenphase erreichte, wurden ihre Repräsentanten zunehmend auf Regionen und Volksgruppen aufmerksam, die bisher eher am Rande ihres Blickfeldes gestanden hatten und aus nationaler Sicht „indifferent" erscheinen konnten. Neben den evangelischen Masuren und den meist katholischen Ermländern im damaligen Ostpreußen gehörten dazu auch die in Westpreußen und Hinterpommern ansässigen Kaschuben – ein meist katholisches, teilweise aber auch evangelisches Volk, das sich durch seine eigenen ethnischen Traditionen und seine eigene westslawische Mundart auszeichnete. Dieses stellte ein klassisches Beispiel einer nichtdominanten Gruppe dar, deren Mitglieder sich meist als Bauern und Fischer ernährten und in der sich erst in den folgenden Jahrzehnten eine schmale, allerdings durchaus gesellschaftlich aktive Intelligenzschicht zu bilden begann.

Nicht zuletzt die angestrebte Einbeziehung der Kaschuben, Masuren und Ermländer in die polnische nationale Agitation führte dazu, dass diese Gruppen zum Gegenstand des zu jener Zeit entflammten deutsch-polnischen Streites um den „historischen und kulturellen Charakter" – mithin um eine „objektive nationale Zugehörigkeit" – ihrer Siedlungsgebiete wurden. So gerieten die Kaschuben in eine ungewollte Zwischenposition gerade in jener Zeit, in der sich langsam ihre eigene patriotische Bewegung formierte. Diese legte besonderen Wert auf die eigene Sprache und Volkskultur. Von der heutzutage weithin akzeptierten Prämisse ausgehend, Kaschubisch sei eine eigene Sprache und kein Dialekt des Polnischen, bekräftigten ihre Vertreter die kulturelle und historische sowie die angestrebte politische Zusammengehörigkeit der Kaschuben und der Polen. In der jungkaschubischen Programmatik, die sich am Anfang des 20. Jahrhunderts herauskristallisierte und deren Grundsätze bis heute in der kaschubischen Bewegung (allerdings nicht alternativlos) dominieren, hieß es dann, dass die Kaschuben zwar eine eigene Sprache sprächen, trotzdem aber einen Teil der polnischen Nation bildeten.

Im Kontext des in Mitteleuropa überwiegenden ethnisch-kulturellen Nationsverständnisses, in dem „eigene Sprache" meist „eigene Nationalität"

Arbeiter auf Gut Hochpaleschken in der Kaschubei um 1900.

impliziert, war das eine einzigartige Lösung. Nichtsdestoweniger sahen sich die Vertreter der kaschubischen Bewegung polnischerseits dem Verdacht eines Separatismus ausgesetzt, weil sowohl die Polnische Republik der Zwischenkriegszeit als auch das Volkspolen der Nachkriegszeit auf eine zentralstaatliche Integration besonderen Wert legten. Diese Lage verschärfte sich dadurch, dass die deutsche Seite nach 1918 die These einer eigenständigen kaschubischen Nation unterstützte, um die polnischen Gebietsansprüche an der Ostsee zu delegitimieren – siedelte doch der überwiegende Teil der Kaschuben damals eben auf dem Gebiet des „polnischen Korridors". Die Vorwürfe, eine kaschubische Bewegung diene den deutschen Interessen, wiederholten sich daher auch nach dem Zweiten Weltkrieg, obwohl die kaschubische Intelligenz seit den ersten Septembertagen 1939 eine „prominente" Zielgruppe der ersten nationalsozialistischen Terrorakte auf dem bisherigen polnischen Territorium darstellte und viele Kaschuben sich aktiv am Widerstand – vor allem dem nichtkommunistischen – beteiligten. Die Vorwürfe beantworteten die kaschubischen Kulturschaffenden mit der Behauptung, es seien gerade die Kaschuben gewesen, die seit dem Mittelalter die südliche Ostseeküste vor dem Andrang des „Deutschtums" für das „Slawentum" bewahrt hätten.

Schließlich heißt es in der auch heute allgemein anerkannten, inoffiziellen Hymne der Kaschuben, dass ihre Heimat sich „von Danzig bis zu den Toren Rostocks" erstrecke. Damit wird auf einen identitätsstiftenden Mythos Bezug genommen, nach dem sich die Kaschuben als letzte Nachkommen der Pomoranen – der Ostseeslawen – verstehen und das Kaschubische als das letzte lebendige Überbleibsel der pomoranischen Sprache sehen. Solche „historischen Siedlungsgebiete" würden also jenen Bereich markieren, innerhalb dessen sich die deutsch-polnischen Sprachkontakte und Übergangszonen seit dem Mittelalter bewegten. Und trotzdem dienten nicht zuletzt der Aufbau und die Entwicklung des eigenen historischen Narrativs dazu, die kaschubische Identität jenseits der Selbstverortung in der Spannungslage „zwischen den Deutschen und den Polen" zu definieren. Der Übergang auf die zugleich ethnisch-sprachliche und regionalistische Formel der Bewegung – als „kaschubisch-pommersche Bewegung" –, die auch Angehörigen anderer Gruppen offensteht und sie durchaus erfolgreich involviert, bildet seit einem halben Jahrhundert eine wichtige Voraussetzung für diese Emanzipation des kaschubischen Selbstverständnisses, in dem das „Dazwischen" längst nicht mehr bestimmend ist. Noch wichtiger ist jedoch die regionalistische Welle in ganz Polen, in der auch die Identifikation mit einzelnen Regionen von der Pflege jener Traditionen begleitet wird, die noch vor wenigen Jahrzehnten als „fremdes Kulturerbe" galten. Diese Entwicklung spiegelt sich zu einem gewissen Maße auch im deutschsprachigen Geschichtsdiskurs wider: Dank der Werke von Günter Grass, aber auch unter dem Einfluss eines Teiles der Erinnerungsliteratur kam es hier zu einer bemerkenswerten Nobilitierung der Kaschuben. Aus der ehemals verspotteten, missachteten Bevölkerungsgruppe wurde eines der Symbole der pommerschen und pommerellischen Region, darunter auch eines der (verlorenen) Heimat der Aussiedler und Vertriebenen.

Doch viel beeindruckender ist der Aufschwung, den die kaschubische Sprache in Polen erfährt. Sie hat sich den Weg in die modernsten Massenmedien, in die Liturgie, Politik, Schule und Wissenschaft geebnet. Der rasante Prestigegewinn des Kaschubischen, der vor drei Jahrzehnten kaum vorstellbar war und von dem man etwa in der sorbischen Lausitz nach wie vor nur träumen kann, wird aber vom weiteren Rückgang des Kaschubischen als Mittel der alltäglichen Kommunikation begleitet. Ob in diesem Prozess eine Wende eintreten wird, oder ob sich bei dem Kaschubischen die „irische Variante" einer identitätsstiftenden Sprache mit immenser symbolischer Kraft durchsetzt, die trotzdem immer weniger gesprochen wird, bleibt abzuwarten. Doch für eine Gruppe, deren Größenschätzung sich aufgrund von sehr unterschiedlich artikulierten Identitätsoptionen und Uneindeutigkeiten der Volkszählungen zwischen Zehntausenden und wenigen Hunderttausenden bewegt, bleibt die Sprache einer der zentralen Bezugspunkte.

Breslau und Danzig – zwei Städte, zwei Treffpunkte

Hans-Jürgen Bömelburg

Denkt man über Zentren eines deutsch-polnischen Austauschs und einer vertieften Kommunikation nach, so geraten neben den Residenz- und Hauptstädten Krakau, Warschau oder Berlin regionale Metropolen wie Breslau oder Danzig in den Blick, die über tausend Jahre auf ganz eigene Weise die Verbindungen prägten. Beide Metropolen besitzen jeweils regionale Färbungen – für Breslau das Schlesiertum, für Danzig preußische und kaschubische Elemente –, die beachtet werden müssen: Die deutsch-polnische Geschichte geht nicht in dynastischen oder staatlichen Beziehungen auf, sondern besitzt lokale und regionale Prägungen.

Handelsstädte und kultureller Austausch

Breslau und Danzig sind ehemalige Residenzstädte, die jedoch ihre Entwicklung in erster Linie dem Fern- und Seehandel verdanken. Breslau lag günstig an einem Oderübergang und am Kreuzungspunkt der Straßen von Leipzig nach Lemberg und von der Ostsee nach Prag. Die Stadt bildete das natürliche Zentrum Schlesiens und war bereits im Frühmittelalter ein regionales Zentrum – die Ersterwähnung als Bischofssitz „Wrotizla" wohl nach einem böhmischen Herrscher erfolgte anlässlich der Reise Ottos III. nach Gnesen. Die Stadt wurde um 1226 neu nach Magdeburger Recht gegründet, wobei in der mittelalterlichen Stadt Deutsche und Polen nebeneinanderlebten. Spezifisch war der starke böhmische Einfluss, ab 1335 gehörte das Erbfürstentum Breslau nach dem Aussterben der Piasten zu Böhmen.

Breslau entwickelte sich zu einer zentralen Fernhandelsstadt und erreichte um 1500 über 20 000 Einwohner. In einer Stadtbeschreibung formulierte Bartholomäus Stein 1512:

„Hierher wurde, was ganz Sarmatien an kostbaren oder nützlichen Produkten erzeugte, eingeführt; hierher brachten Reußen, Walachen, Litauer, Preußen, Masuren und die Bewohner Groß- und Kleinpolens ihre Waren […]. Hierher kamen aus ganz Deutschland Kaufleute mit ihren theils für den täglichen Gebrauch, theils für einen feineren Lebensgenuss und zumal auch für die Bekleidung bestimmten Manufacturwaren. […] Und so wurde es Brauch, dass weder die von Westen noch die von Osten [gemeint ist die ortsansässige Bevölkerung, H.-J. B.] den Fluss überschritten."[2]

Bei Stein werden auch unterschiedliche Ebenen eines ethnisch-kulturellen Wir-Bewusstseins in Schlesien vorgestellt. So unterscheidet er zwischen einer etwa gleich großen polnischen und deutschen Hälfte des Landes, wobei die Oder Schlesien in einen überwiegend deutschen und einen überwiegend polnischen Teil trenne. Stein führt aus, die Polen seien „bäurisch, roh, ohne gewerbliche Betriebsamkeit, ohne Geistesbildung […], die Unsrigen dagegen, gleichsam als ob Bildung vom Westen herkäme, führen eine feinere Lebensweise, sind gewerbefleissig, haben offenere Köpfe" und eine „gebildetere Sprache".[3] Erkennbar wird hier eine ältere, durch Humanisten verbreitete Stereotypie der Gebildeten, über das Alltagsleben erfahren wir aus der Stadtbeschreibung leider nichts, es scheint sich allerdings nach allen Zeugnissen weitgehend konfliktfrei entwickelt zu haben.

Das an der Weichselmündung gelegene Danzig (Ersterwähnung 997) entwickelte sich vor allem als Hafen und Handelsort zwischen der Ostsee

2 Bartłomieja Steina renesansowe opisanie Wrocławia. Die Beschreibung der Stadt Breslau der Renaissancezeit durch Bartholomäus Stein. Wrocław 1995, S. 65 – 66.

3 Bartholomäus Stein, Descripcio tocius Silesie et civitates regie Vratislaviensis. Barthel Steins Beschreibung von Schlesien und seiner Hauptstadt Breslau. Breslau 1902, o. S.

und den Niederlanden durch die wachsende Nachfrage nach Getreide und Agrarprodukten seit dem 15. Jahrhundert. Während Breslau und Schlesien im 14. Jahrhundert aus dem polnischen Reichsverband ausschieden, wurde Danzig nach den polnischen Erfolgen über den Deutschen Orden 1466 Teil Polens. Hieran hatten die Danziger Stadtbürger, die den Orden als wirtschaftlichen Monopolisten und autokratisches Regime ablehnten, erheblichen Anteil. Sie zerstörten 1454 die Ordensburg, huldigten dem polnischen König und erhielten von ihm Privilegien, die die Stadtentwicklung begünstigten.

Danzig wuchs so als Teil der Krone Polens an der Wende zum 17. Jahrhundert mit über 60 000 Einwohnern zur weltweit größten deutschsprachigen Stadt – vor allem dank der polnischen Privilegien. Die Danziger Bürger dankten dies dem polnischen König durch Abgaben, Geschenke und eine unverbrüchliche Treue, etwa in einem barocken Gedicht: „Durchläuchter König hochgeborn / wir haben dir ein eidt geschworn, / Bei dir so woln wir sterben / [...] Der deutsch Orden it uns nicht gut, / er mocht uns beweisen übermut."[4]

Über diese Einstellung auch der durchschnittlichen Danziger hat sich ein umfangreiches Selbstzeugnis erhalten. Der Danziger Kaufmannsgehilfe Martin Gruneweg (1562 – ca. 1618) wurde von Verwandten mit 15 Jahren zum Erlernen der polnischen Sprache zu Handelspartnern nach Bromberg gegeben. Dort lernte er Polnisch und trat später in Warschau und Lemberg in Dienste polnischer und armenischer Kaufleute. Er bereiste in den 1580er und 1590er Jahren das ganze östliche Europa, konvertierte zum Katholizismus und beschrieb als Dominikanermönch in verschiedenen Klöstern in deutscher Sprache seine Lebensgeschichte.

Gruneweg fühlte sich zeit seines Lebens sprachlich als Danziger Deutscher, entwickelte aber immer stärker auch eine katholische und polnische Identität. Über die Bedeutung der deutschen Sprache, aber auch das Verhältnis zu Polen formulierte Gruneweg, infolge der Sprache bestände in Danzig eine besondere „Gewogenheit und Gemeinschaft" mit Deutschland, infolge der Zugehörigkeit zur Krone Polens aber eine Verbindung zu Polen: „Mitt dieser polnischen Nation hat sich Dantzig so verbunden, gleich were sie mitt ihr eine Nation. Solches komt nirgendts anders heer nur aus altter liebe und freintschaftt."[5]

4 „Das große liedt von dem preusser Krieg", in: Max Töppen, Völkstümliche Dichtungen zumeist aus Handschriften des 15., 16. Und 17. Jahrhunderts gesammelt. Ein Beitrag zur Geschichte der schönen Literatur der Provinz Preußen. Königsberg 1873, S. 17 – 18.

5 Die Aufzeichnungen des Dominikaners Martin Gruneweg (1562 – ca. 1618) über seine Familie in Danzig, seine Handelsreisen in Osteuropa und sein Klosterleben in Polen, hg. v. Almut Bues. 4 Bde., Wiesbaden 2008, Bd. 1, S. 287– 288.

Apotheose des Bündnisses Danzigs mit Polen. Im unteren Bildteil reichen sich ein Danziger Kaufmann und ein polnischer Adliger die Hand. Deckengemälde im Danziger Rechtstädtischen Rathaus von Isaak van den Blocke, 1606 – 09.

Buchdruck, Kommunikation, Mehrsprachigkeit und Wissensvermittlung

Danzig und Breslau wurden vom 16. bis 19. Jahrhundert zu Zentren einer deutsch-polnischen Kommunikation. In Danzig siedelten sich zahlreiche Buchdrucker und Verlage an – die Stadt war nach Krakau das wichtigste Druckzentrum Polen-Litauens. Für eine Kommunikation erforderlich waren Kenntnisse beider Sprachen, gerade für die Kaufleute in Danzig bedeutete die Kenntnis des Polnischen eine zusätzliche Qualifikation in Handelsdingen. Deshalb besaßen die Stadtbürger ein Interesse daran, bereits in den Schulen Polnisch zu lernen. Polnische Sprachlehrbücher erfreuten sich großen Interesses. In den *Viertzig Dialogi* Nicolaus Volckmars († 1601), eines Deutschen aus Hessen, die insgesamt 21 Auflagen erlebten, hieß es 1612 einleitend: „Wie sehr nötig und nützlich die Teutsche und Polnische Sprache sei, beide Kaufleuten und Handwerckern, Mann und Weibs Personen, grossen und kleinen, sonderlich an diesen Örtern, da beide Nationen gleichsam durcheinander gemengt sein, und stets mit einander zu thun haben, ist männiglichen besser bewust, als das es viel Beweisens bedürffte.“[6]

Oft wurden die Kinder zum Erlernen der jeweiligen Sprache „nach Polen“ zu Handelspartnern geschickt. 1574 übergab der Danziger Thomas Scheffer seinen Sohn dem Lemberger Kaufmann Kasper Zawierka, damit dieser dort Polnisch lernen konnte, und nahm im Gegenzug den Stiefsohn Zawierkas auf.[7] Eberhard Bötticher (1554–1617), später der Führer der lutheranischen Partei in Danzig und Autor einer Chronik der Marienkirche, wurde als Zwölfjähriger nach Posen geschickt, wo er Polnisch sprechen musste: „Den gar kein deutsch volck in dem selbigen hause war. Darum ich mich noth halben muste zur polnischen sprach gewohnen.“ Nach eineinhalbjährigem Aufenthalt in Posen, „nach der ich aber zur notturft Polnisch gelernt hatte“, kehrte er in sein Elternhaus zurück. Auch die Motive zum Erlernen der polnischen Sprache beschreibt Bötticher präzise: „Sintemal man derselbigen zu Dantzig im Handel nicht entbehren kann.“[8] Bereits sein Vater hatte am Hof eines Adligen Polnisch gelernt. Martin Gruneweg lernte 1574 in Bromberg Polnisch: „Den 19. Junii, am dritten sonabende nach Pfingsten segers 7 abends, ubergab mich die Mutter durch rhatt Rolof Löden Herr Stentzel Skrzetuwsken, einem Burger von Bromberge und gebornen

6 Nicolausa Volckmara Viertzig Dialogi (1612). Źródło do badań nad życiem codziennym w dawnym Gdańsku, hg. v. Edmund Kizik. Gdańsk 2005, S. 8.

7 Staatsarchiv Danzig, Sign. 300, 27/35, Bl. 295 – 295v.

8 Edmund Kizik, „Pamiętnik gdańszczanina Eberharda Böttichera z drugiej połowy XVI wieku“, in: Roczniki Historyczne 76 (2010), S. 141 – 164; Memorial oder Gedenckbuch durch mich Eberhard Bodcher für mich und die meynen zu langwerender gedechniß beschrieben Soli Deo Gloria . . ., APGd. Sign. 300, R/Ll, q. 31, k. 154r – 156r.

Edelmane, das ich bey ihme die polnische sprache lehrtte. Er lies meiner mutter seinen sohn Gabriel an meine stelle, welcher voer ein jahr bey dem Willenbroche in der Jopen gasse gehwontt hette, auch wexel weise."[9] Sogar die reichen Bauern der Werdergebiete in der Weichselniederung entsandten ihre Söhne in ein polnischsprachiges Umfeld, worüber wir durch Testamente aus dem 17. Jahrhundert unterrichtet sind. Diese Praxis hält Abraham Hartwich fest, ein lutheranischer Pastor, der in einer Beschreibung der Werder von 1722 bestätigte: „Ihre Sprache die sie reden, ist eigentlich deutsch, doch weil sie mit Pohlen offt zuschaffen haben, so gewehnen sie ihre Kinder mehrestheils zur Polnischen Sprache."[10]

In den preußischen Städten, im Alten Reich vor allem in Schlesien, organisierte man Schulen mit polnischem Sprachunterricht. Den Bedarf an fachlichen Hilfen erfüllten zahlreiche Lehrbücher, Grammatiken, Gesprächs- und Wörterbücher, deutsch-polnische Brief- und Wirtschaftsmusterbücher mit zwei- oder mehrsprachigen Vorbildern für eine eher ökonomische Fachkorrespondenz. Seit dem Ende des 16. Jahrhunderts stiegen Danzig und daneben Elbing und Thorn zu den Druckorten für polnische Sprachlehrbücher auf; einzelne Ausgaben entstanden auch in Schlesien und Königsberg. Insgesamt erschienen allein in Danzig von der zweiten Hälfte des 16. bis zum Ende des 18. Jahrhunderts 27 Lehrbücher mit mindestens 83 Auflagen.

Die engen sprachlichen Verbindungen hatten auch weitere lebensweltliche Konsequenzen: So wurde im deutsch-polnischen Milieu im Preußenland und in Schlesien der Gebrauch der Vornamen wie die Schreibweise der Nachnamen der Praxis in der jeweiligen Sprache angepasst. Nicolaus Volckmar gibt folgendes Beispiel:

Wie heißt unser newe Fuhrknecht?	A jako zowią naszego nowego woźnicę?
Er heißt Hans, Stentzel, Albrecht, Hiacynth, Steffen, Nickel, Lorentz, Egidius, Sebastian, Peter, Paul, Ambrosius, Mattheus, Merten, Andres, Felix.	Imię mu Jan, Stanisław, Wojciech, Jacek, Szczepan, Mikołaj, Wawrzyniec, Idzi, Sobiech, Piotr, Paweł, Broży [*Ambroży*], Maciek, Marcin, Jędrzej, Szczęsny.[11]

9 Die Aufzeichnungen des Dominikaners Martin Gruneweg, Bd. 1, S. 459 – 476.

10 Abraham Hartwich, Geographisch-historische Landes-Beschreibung derer dreyen im Pohlnischen Preussen liegenden Werdern. Königsberg 1722, S. 53.

11 Nicolausa Volckmara Viertzig Dialogi (1612), S. 218

Vornamen wie Jan oder Wojciech wurden bei Dokumenten in polnischer Sprache benutzt, in deutscher Sprache nutzte man Johann, Hans oder Adalbert (bzw. Albrecht). Auch die Familiennamen wurden den Regeln der jeweiligen Sprache angepasst, aus Sigismund Vogel, einem Maler am Hofe Sigismund Augusts, wurde Zygmunt Ptaszek, aus Hoffmann wurde Offman, Dworski oder Dworzański. Im letzteren Fall wurde noch das Adelsprädikat -ski zugefügt. Umgekehrt übersetzten polnische Adlige im späten 18. Jahrhundert ihre polnischen Namen ins Deutsche und fügten ein „von" hinzu, etwa die Trziński nannten sich „von dem Rohr" (die Frau von E. T. A. Hoffmann, ebenfalls eine Trzińska, schrieb sich jedoch Maria Tekla Rohrer).

Breslau wurde darüber hinaus seit 1702 durch das Privileg Kaiser Leopolds I. zum Sitz einer Universität. Träger war zunächst der Jesuitenorden, von den dort Lehrenden waren viele auch des Polnischen oder Tschechischen mächtig. Nach der Annexion Schlesiens durch Preußen (1740) und der Auflösung des Jesuitenordens (1772) wurde die Universität reformiert und modernisiert. Dabei befanden sich unter den Lehrenden und Studierenden auch zahlreiche Polen, Tschechen oder des Polnischen Mächtige, etwa der Mediziner Jan Ewangelista Purkyně (1787–1869), der aus Czernowitz gebürtige vielsprachige Chirurg Johann von Mikulicz-Radecki (1850–1905), der aus Danzig stammende Historiker Richard Roepell (1808–1893) und der Sohn einer Gnesener Rabbinerfamilie Jacob Caro (1835–1904) – Roepell und Caro begründeten als Erste an deutschen Universitäten eine Beschäftigung mit der Geschichte Polens.

In Breslau entstand auch die erste Professur für Slawistik an einer preußisch-deutschen Universität, wobei die Gründung der Professur durch Bedenken antipolnisch eingestellter Beamter zunächst blockiert wurde. Erst Friedrich Wilhelm IV. genehmigte 1841 die Einrichtung der Professur, die durch wichtige Polonisten wie Władysław Nehring (1830–1909) besetzt wurde. Um die Universität entstanden eine große Universitätsbibliothek mit zahlreichen Beständen zu den deutsch-polnischen Beziehungen sowie der Verlag Wilhelm Gottlieb Korn, der auch Publikationen in polnischer Sprache veröffentlichte.

Bereits die komplizierte Geschichte der Breslauer Slawistik, die immer wieder von behördlichen Befürchtungen vor „Umtrieben polnischer Studierender" oder einer fehlenden Loyalität polnischsprachiger Lehrender

Breslau war Ende des 19. Jahrhunderts eine aufstrebende Großstadt. Hier ein Blick von der Universitätsbrücke mit Dom, Sandkirche und Kreuzkirche. Photochromdruck um 1895.

geprägt war, zeigt, in welchem Maße sich die politischen, aber auch die kulturellen und wissenschaftlichen Beziehungen zwischen Deutschen und Polen verhärteten. Dies wurde auch in Breslau und Danzig nach 1848 und noch stärker 1870 spürbar, sodass die deutsch-polnischen Verflechtungen in der zweiten Hälfte des 19. Jahrhunderts rückläufig waren. Immer seltener lernten Deutsche Polnisch, polnischer Sprachunterricht an Schulen wurde begrenzt. Von der ehemaligen Symbiose und Wechselseitigkeit verblieb auch vor Ort nicht viel.

Für die mehrheitlich deutschsprachige Stadt Danzig war deshalb die Gründung der Freien Stadt durch die Bestimmungen des Versailler Vertrages 1919 ein Schock, man sah hier einen ersten Schritt zu einer Annexion durch Polen, zumal Polen für die auswärtige Politik Danzigs zuständig war und die Stadt zum polnischen Zollgebiet zählte. Unter diesen Vorzeichen gestaltete sich das Zusammenleben von Deutschen und Polen in Danzig schwierig, polnischsprachige Menschen machten knapp 10 Prozent der Bevölkerung der Freien Stadt von ca. 400 000 Menschen aus. Lediglich die

Danziger SPD sowie Gruppen der Liberalen und des katholischen Zentrums waren an einem Ausgleich interessiert, politisch bestimmend waren vor 1933 jedoch die Deutschnationalen.

Spätestens mit der Machtübernahme der Nationalsozialisten im Juni 1933 verschärfte sich auch die lebensweltliche Trennung zwischen der deutsch- und polnischsprachigen Bevölkerung, die Danziger Trilogie von Günter Grass und die kongeniale Verfilmung der *Blechtrommel* von Volker Schlöndorff (1979) vermitteln Eindrücke aus dem Alltag. 1939 wurden viele namhafte Mitglieder der Danziger Polonia in das Konzentrationslager Stutthof eingesperrt und größtenteils ermordet.

Mit der raschen Eroberung durch die Rote Armee und der weitgehenden Zerstörung der historischen Danziger Innenstadt schlug das Pendel zurück: Die deutsche Bevölkerung, sofern sie nicht geflohen war, wurde enteignet, in Durchgangs- und Arbeitslager gesperrt und 1946/47 größtenteils in die deutschen Besatzungszonen ausgesiedelt. Zurück blieben nur wenige Personen, die sich als Polen und loyale Staatsbürger überprüfen („verifizieren") ließen bzw. die mit polnischen Partnern verheiratet waren. Das Schicksal von Breslau ist im Kern ähnlich: Die Stadt wurde zur Festung erklärt und bereits von den deutschen Verteidigern im Frühjahr 1945 zerstört. Gerade in der „Festung Breslau" tobten zwischen Februar und Mai 1945 erbitterte Kämpfe, Straße um Straße und Haus um Haus wurde von sowjetischen Truppen erobert. Breslau kapitulierte am 6. Mai 1945, vier Tage nach Berlin. Nach 1945 wurde die deutsche Bevölkerung ausgesiedelt.

Lokale Erinnerungskulturen

Nach dem Zweiten Weltkrieg wurden beide Städte in verschiedenen Wellen „entdeutscht", das heißt, insbesondere städtebauliche Objekte, die als „preußisch" oder „deutsch" galten, wurden abgerissen bzw. umgebaut. Stattdessen wurde beim Wiederaufbau dezidiert an polnische Abschnitte der Stadtgeschichte angeknüpft, in Breslau an die mittelalterliche Piastenzeit, in Danzig an die Frühe Neuzeit und die Präsenz der polnischen Könige, vor allem Jan Sobieskis, in der Stadt.

Eine Wiederbesinnung auf die multikulturelle Vergangenheit der Stadt setzte in Danzig in den 1980er Jahren, in Breslau erst nach 1989 ein. Bei

Papst Johannes Paul II. bei einer Messe in Danzig am 12. Juni 1987.

Danzig spielten hierbei die Romane von Günter Grass eine erhebliche Rolle, das Thema des deutschen oder „nachdeutschen" Danzig wurde von Paweł Huelle und Stefan Chwin suggestiv erfasst. Anlässlich der Jahrtausendfeier 1997 wurden außerhalb der Stadt lebende Danziger – explizit auch vertriebene Deutsche – zum Besuch der Stadt eingeladen, und die heutige städtische Kulturpolitik bemüht sich, die multikulturellen Traditionen der Stadtgeschichte lebendig zu halten.

In Breslau spielte die universitäre Germanistik, die sich intensiv mit der deutschen Barockliteratur beschäftigte, eine bahnbrechende Rolle. Seit 2002 ist in Breslau das „Willy-Brandt-Zentrum für Deutschland, und Europastudien" tätig. Über die Breslauer und schlesischen Kunstverluste nach 1945, auch über die Verlagerungen nach Warschau gibt es Diskussionen, die auch den (nieder-)schlesischen Regionalismus wiederbeleben.

Das wiederaufgebaute Danzig ist heute eine der schönsten Städte Europas und ein wichtiger Erinnerungsort des Kontinents. Blick über die Mottlau auf Krantor und Marienkirche.

Insgesamt ist es in beiden Städten eine offene Frage, inwieweit es auch künftig möglich sein wird, ein angemessenes Geschichtsbild im städtischen Raum zu entwickeln. Konzepte einer „kulturellen Nachfolgerschaft" oder einer „Miterbenschaft" rücken die gemeinsame transnationale deutsch-polnische Verantwortung in den Mittelpunkt. Kann es mit einer heute fast ausschließlich polnischen Stadtbevölkerung gelingen, auch die nichtpolnischen, in Breslau die tschechischen, schlesischen und deutschen, in Danzig die preußischen und deutschen Traditionen auf Dauer zu pflegen?

Zeittafel zur deutsch-polnischen Geschichte

966	Taufe des polnischen (polanischen) Herzogs Mieszko
997	Bischof Adalbert von Prag wird auf seiner Missionsreise von den Prußen erschlagen
1000	Kaiser Otto III. besucht Herzog Bolesław I. Chrobry in Gnesen
1002	Auseinandersetzungen um den Besitz der Lausitzen
13./14. Jh.	Landesausbau in den polnischen Gebieten, deutsche Kolonisten gründen Städte und siedeln sich auf dem Land an („Ostsiedlung“)
1226	Der polnische Herzog Konrad von Masowien ruft den Deutschen Orden für die Bekämpfung der heidnischen Prußen zu Hilfe
1241	Bei Liegnitz siegen die Mongolen gegen ein deutsch-polnisches Ritterheer
1264	Generalprivileg des großpolnischen Herzogs Bolesław der Fromme für die Juden
1308	Der Deutsche Orden besetzt Pommerellen und Danzig, Beginn des Konflikts mit Polen
1348	Kasimir III. erkennt die böhmische Oberhoheit über Schlesien an
1385	Personalunion von Polen und Litauen
1410	Niederlage des Deutschen Ordens bei Tannenberg (Grunwald) gegen ein polnisch-litauisches Heer
1454–66	Dreizehnjähriger Krieg, der Deutsche Orden verliert Gebiete an Polen
1475	„Landshuter Hochzeit“ zwischen Herzog Georg dem Reichen und der polnischen Königstochter Hedwig (Jadwiga) Jagiellonica
1525	Der letzte Hochmeister des Deutschen Ordens huldigt dem König von Polen, das Herzogtum Preußen bleibt bis 1657 polnisches Lehen
1569	Lubliner Union, Polen und Litauen schließen sich zur Realunion zusammen
1573	Nach dem Aussterben der Jagiellonen Beginn des Wahlkönigtums
1655–1660	Nordischer Krieg
1683	König Johann III. Sobieski führt eine polnische Armee nach Wien und hebt die türkische Belagerung auf
1697	Kurfürst Friedrich August (der Starke) von Sachsen wird als August II. polnischer König (bis 1733), Beginn der polnisch-sächsischen Union (bis 1763)
1700–1721	Großer Nordischer Krieg
1734	August III. von Sachsen wird polnischer König (bis 1763)

1772	Erste Teilung Polens zwischen Preußen, Österreich und Russland; das Königliche Preußen wird – ohne Danzig und Thorn – preußisch
1788–1792	Vierjähriger Reichstag in Polen, Reformversuche
1791	Polnische Verfassung vom 3. Mai (Nationalfeiertag), die sächsischen Wettiner sollen die Erbmonarchie regieren
1793	Zweite Teilung Polens zwischen Preußen und Russland. Danzig, Thorn und Großpolen werden preußisch
1795	Dritte Teilung Polens zwischen Preußen, Österreich und Russland, König Stanisław August dankt ab. Große Teile Polens einschließlich Warschau werden preußisch; Polen hört als Staat auf zu existieren
1807–1813	Napoleon gründet das Herzogtum Warschau und eine Freie Stadt Danzig
1815	Der Wiener Kongress zieht die Grenzen neu, bei Preußen bleiben das Großherzogtum Posen und Westpreußen. Gründung eines Königreichs Polen im russischen Teilungsgebiet. Russischer Zar in Personalunion König von Polen
1830/31	Novemberaufstand im russischen Teilungsgebiet Polens
1832	Durchzug der geschlagenen Polen durch Deutschland, Polenbegeisterung, Hambacher Fest
1846	Gescheiterter Aufstand in Posen, Aufstand in Galizien
1848	Märzrevolution in Deutschland. Polendebatte in der Deutschen Nationalversammlung in der Frankfurter Paulskirche
1849	Badisch-Pfälzischer Aufstand unter Beteiligung zahlreicher Polen
1863/64	Januaraufstand im russischen Teilungsgebiet Polens
1871	Gründung des Deutschen Reichs
1873	Beginn des Kulturkampfs gegen die katholische Kirche, der bald auch eine antipolnische Wendung nimmt
1885/86	Ausweisung von mehr als 20 000 Polen ohne deutsche Staatsbürgerschaft aus dem Reich (rugi pruskie)
1894	Gründung des Deutschen Ostmarkenvereins
1901	Schulstreik in Wreschen gegen die Abschaffung des Polnischen im Religionsunterricht der Volksschulen
1904–1908	Weitere antipolnische Gesetzgebung in Preußen
1914–1918	Erster Weltkrieg, die drei Teilungsmächte verlieren im Krieg
1916	Am 5.11. rufen die Kaiser von Deutschland und Österreich-Ungarn in den besetzten russischen Gebieten ein „Königreich Polen" aus und setzen einen Regentschaftsrat ein

1917 Bürgerliche (Februar) und bolschewistische (Oktober) Revolution in Russland

1918 Am 8.1.1918 verkündet US-Präsident Wilson sein Friedensprogramm in 14 Punkten, darunter auch die Wiederherstellung Polens. Ab Oktober entsteht ein unabhängiges Polen, am 11.11. werden die deutschen Truppen in Warschau entwaffnet (heute Nationalfeiertag), Józef Piłsudski übernimmt die Staatsgewalt. 27.12. Ausbruch des Großpolnischen Aufstands in Posen

1919 Versailler Vertrag, Grenzkonflikte (1. Aufstand in Oberschlesien)

1920 Der Versailler Vertrag tritt in Kraft, Gebietsabtretungen Deutschlands u.a. in Westpreußen, Volksabstimmung im südlichen Ostpreußen (mehr als 97 % für Deutschland). Entstehung der Freien Stadt Danzig, 2. Aufstand in Oberschlesien

1921 Volksabstimmung und 3. Aufstand in Oberschlesien, die Provinz wird geteilt

1925 Deutsch-Polnischer Zoll- und Wirtschaftskrieg (bis 1934)

1933 Polnische Überlegungen für einen Präventivkriegs gegen das Dritte Reich

1934 26.1. Unterzeichnung eines Nichtangriffspakts zwischen Deutschland und Polen. Entspannung

1938 Münchener Abkommen. Ausweisung von etwa 17 000 polnischen Juden aus dem Reich. Novemberpogrome

1939 23.8.: Hitler-Stalin-Pakt, 1.9.: Deutscher Überfall auf Polen, Ausbruch des Zweiten Weltkriegs (poln. Kapitulation 6.10.). Annexion großer polnischer Gebiete durch das Dritte Reich. Verfolgung christlicher und mehr noch jüdischer Polen

1941 22.6.: Überfall auf die Sowjetunion, alle polnischen Gebiete unter deutscher Herrschaft. Herbst: Beginn des Holocaust auf polnischem Boden

1943 19.4.–16.5.: Aufstand im Warschauer Ghetto, Deportation der Überlebenden in die Vernichtungslager

1944 1.8.–3.10.: Warschauer Aufstand, bis zu 200 000 Tote
21./22.7.: Bildung einer (kommunistischen) polnischen Regierung

1945 27.1.: Befreiung des KZ Auschwitz. 8.5.: Kriegsende. In der Potsdamer Konferenz erhält Polen die deutschen Ostgebiete zur Verwaltung (nördl. Ostpreußen an die Sowjetunion). Flucht und (bis 1947) Vertreibung der deutschen Bevölkerung östlich von Oder und Neiße. Neuansiedlung von Polen

1950 6.7.: Die DDR erkennt die polnische Westgrenze an (Görlitzer Vertrag)

1963	Einrichtung einer bundesdeutschen Handelsmission in Polen
1965	Ostdenkschrift der Evangelischen Kirche Deutschlands. Briefwechsel der polnischen und deutschen katholischen Bischöfe
1968	Studentenrevolte in Westdeutschland. Unruhen in Polen, Antisemitische Kampagne
1970	7.12.: Warschauer Vertrag, Kniefall Willy Brandts vor dem Ghettodenkmal in Warschau
1972	Einführung des visafreien Verkehrs zwischen DDR und Polen (bis 1980)
1975	Helsinki-Vereinbarungen zwischen Bundesrepublik und Polen, Beginn einer Aussiedlerwelle deutschstämmiger Polen
1980	Gründung der Gewerkschaft „Solidarność". Eröffnung des Deutschen Polen-Instituts Darmstadt
1981	13.12.: Verhängung des Kriegsrechts in Polen, neue Flucht- und Aussiedlerwelle in die BR Deutschland (bis 1990)
1989	Politischer Umbruch in Polen und in der DDR. 9.11.: Besuch von Bundeskanzler Helmut Kohl in Polen (Unterbrechung am 10.11. nach Mauerfall am 9.11.), 12.11.: Versöhnungsmesse in Kreisau
1990	12.9.: Zwei-plus-Vier-Vertrag, 14.11.: Deutsch-Polnischer Grenzvertrag
1991	17.6.: Deutsch-Polnischer Nachbarschaftsvertrag, Gründung des Deutsch-Polnischen Jugendwerks, Aufhebung der Visapflicht für Polen, Gründung des sog. „Weimarer Dreiecks" Deutschland – Polen – Frankreich
1994	Bundespräsident Roman Herzog spricht zum 50. Jahrestag des Warschauer Aufstands in Warschau
1995	Rede von Außenminister Władysław Bartoszewski im Bundestag
1997	Deutsch-Polnisches Kulturabkommen
1999	12.3.: NATO-Beitritt Polens
2004	1.5.: EU-Beitritt Polens
2005 – 2007	Nach Regierungswechsel in Polen Verschlechterung der bilateralen Beziehungen
2007	Polens Beitritt zum Schengen-Raum, die Grenzkontrollen fallen weg
2011	Die letzten Beschränkungen für die Arbeitsaufnahme von Polen in Deutschland laufen aus („Arbeitnehmerfreizügigkeit")
2014	1.9.: Bundespräsident Joachim Gauck auf der Westerplatte zum 75. Jahrestag des Ausbruchs des Zweiten Weltkriegs

Leseempfehlungen

Übergreifende Werke

Deutsch-Polnische Erinnerungsorte. 5 Bde. Hg. v. Hans-Henning Hahn/Robert Traba (Bd. 1–4), Peter Oliver Loew/Robert Traba (Bd. 5). Paderborn 2012–2015.

Loew, Peter Oliver: Wir Unsichtbaren. Geschichte der Polen in Deutschland, München 2014.

Polen in der europäischen Geschichte. Bd. 2: Frühe Neuzeit. Hg. von Hans-Jürgen Bömelburg. Stuttgart 2011 ff. (Lieferungswerk).

Tür an Tür. Polen – Deutschland. 1000 Jahre Kunst und Geschichte. Hg. v. Małgorzata Omilanowska. Köln 2011.

WBG Deutsch-Polnische Geschichte. Hg. v. Dieter Bingen, Hans-Jürgen Bömelburg, Peter Oliver Loew. Bisher erschienen:
- Bd. 2: Hans-Jürgen Bömelburg/Edmund Kizik, Altes Reich und Alte Republik. Deutsch-polnische Beziehungen und Verflechtungen 1500–1806. Darmstadt 2014.
- Bd. 3: Jörg Hackmann/Marta Kopij-Weiß, Nationen in Kontakt und Konflikt. Deutsch-polnische Beziehungen und Verflechtungen 1806–1918, Darmstadt 2014.

1000 Jahre deutsch-polnischer Geschichte

Bingen, Dieter: Die Polenpolitik der Bonner Republik von Adenauer bis Kohl 1949–1991, Baden-Baden 1998.

Bingen, Dieter (u.a.) (Hrsg.): Erwachsene Nachbarschaft. Die deutsch-polnischen Beziehungen 1991 bis 2011. Wiesbaden 2011.

Böhler, Jochen: Auftakt zum Vernichtungskrieg. Die Wehrmacht in Polen 1939. Frankfurt am Main 2006.

Bömelburg, Hans-Jürgen/Lawaty, Andreas (Hg.), Prusy. Mit i rzeczywistość. Poznań 2016.

Borodziej, Włodzimierz/Ziemer, Klaus (Hg.): Deutsch-polnische Beziehungen 1939–1945–1949. Osnabrück 2000.

Borodziej Włodzimierz/Lemberg, Hans (Hg.): „Unsere Heimat ist uns ein fremdes Land geworden." Die Deutschen östlich von Oder und Neiße 1945–1950. Marburg 2000–2004.

Borodziej, Włodzimierz: Geschichte Polens im 20. Jahrhundert. München 2010.

Broszat, Martin: Zweihundert Jahre deutsche Polenpolitik. Frankfurt am Main 1972.

Gersdorff, Dagmar von: „Auf der ganzen Welt nur sie". Die verbotene Liebe zwischen Prinzessin Elisa Radziwill und Wilhelm von Preußen. Berlin 2013.

Góralski, Witold M. (Hg.): Historischer Umbruch und Herausforderung für die Zukunft. Der deutsch-polnische Vertrag über gute Nachbarschaft und freundschaftliche Zusammenarbeit vom 17. Juni 1991. Ein Rückblick nach zwei Jahrzehnten. Warschau 2011.

Jagow, Kurt: Wilhelm und Elisa. Die Jugendliebe des alten Kaisers. Leipzig 1930.

Jedlicki, Jerzy: Dzieje inteligencji polskiej do roku 1918. 3 Bde. Warszawa 2008.

Kerski, Basil (Hg.): Preußen. Erbe und Erinnerung. Essays aus Polen und Deutschland. Berlin 2005.

Kochanowski, Jerzy / Kosmala, Beate: Deutschland, Polen und der Zweite Weltkrieg. Geschichte und Erinnerung. Eine Publikation des Deutsch-Polnischen Jugendwerks. Potsdam / Warschau 2013.

Kopij-Weiß, Marta / Zielińska, Mirosława (Hg.): Transfer und Vergleich nach dem Cross-Cultural-Turn. Studien zu deutsch-polnischen Kulturtransferprozessen. Leipzig 2015.

Miszczak, Krzysztof: Deklarationen und Realitäten. Die Beziehungen zwischen der Bundesrepublik Deutschland und der (Volks-)Republik Polen von der Unterzeichnung des Warschauer Vertrages bis zum Abkommen über gute Nachbarschaft und freundschaftliche Zusammenarbeit (1970 – 91). München 1993.

Nowakowski, Tadeusz: Die Radziwills. Die Geschichte einer großen europäischen Familie, München 1966.

Orłowski, Hubert: „Polnische Wirtschaft": Zum deutschen Polendiskurs der Neuzeit. Wiesbaden 1996.

Ożóg, Krzysztof (Hg.): Conflictus magnus apud Grunwald 1410: między historią a tradycją. Malbork 2013.

Pryt, Karina: Befohlene Freundschaft. Die deutsch-polnischen Kulturbeziehungen 1934 – 1939. Osnabrück 2010.

Reich, Andreas / Maier, Robert (Hrsg.): Die lange Nachkriegszeit. Deutschland und Polen von 1945 bis 1991. Braunschweig 1995.

Szarota, Tomasz: Warschau unter dem Hakenkreuz. Leben und Alltag im besetzten Warschau 1.10.1939 bis 31.7.1944. Paderborn 1985.

Ders.: Stereotype und Konflikte: historische Studien zu den deutsch-polnischen Beziehungen, Osnabrück 2010.

Stokłosa, Katarzyna: Polen und die deutsche Ostpolitik 1945 – 1990. Göttingen 2011.

Surynt, Izabel / Zybura, Marek (Hg.): Narrative des Nationalen: Deutsche und polnische Nationsdiskurse im 19. und 20. Jahrhundert. Osnabrück 2010.

Wijaczka, Jacek (Hg.): Stosunki polsko-niemieckie w XVI – XVIII wieku. Kielce 2002.

Wolff-Powęska, Anna / Bingen, Dieter (Hg.): Nachbarn auf Distanz. Polen und Deutsche 1998 – 2004. Wiesbaden 2005.

Wünsch, Thomas: Deutsche und Slaven im Mittelalter. Beziehungen zu Tschechen, Polen, Südslaven und Russen. München 2008.

Zernack, Klaus: Preußen – Deutschland – Polen. Aufsätze zur Geschichte der deutsch-polnischen Beziehungen. Berlin [2]2001.

Wanderungen zwischen den Kulturen

Bade, Klaus J. (Hg.): Enzyklopädie Migration in Europa. Vom 17. Jahrhundert bis zur Gegenwart, Paderborn u. a. [3]2010.

Bühler, Hans-Peter: Jäger, Kosaken und polnische Reiter: Josef von Brandt, Alfred von Wierusz-Kowalski, Franz Roubaud und der Münchner Polenkreis. Hildesheim 1993.

Friedrich, Karin: Die Reformation in Polen-Litauen, in: Polen in der europäischen Geschichte. Bd. 2: Frühe Neuzeit. Hg. v. Hans-Jürgen Bömelburg. Stuttgart 2011 ff., S. 123 – 143.

Gawlitta, Severin: Zwischen Einladung und Ausweisung. Deutsche bäuerliche Siedler im Königreich Polen 1815–1915. Marburg 2009.

Gierymski, Maksymilian: Dzieła, inspiracje, recepcja / Maksymilian Gierymski. Works, Inspiration, Reception (Ausstellungskatalog poln. / engl.). Muzeum Narodowe Kraków 2014.

Glassl, Horst: Das österreichische Einrichtungswerk in Galizien. 1772–1790. Wiesbaden 1975.

Heinz, Joachim: „Bleibe im Lande, und nähre dich redlich!" Zur Geschichte der Pfälzischen Auswanderung vom Ende des 17. bis zum Ausgang des 19. Jahrhunderts. Kaiserslautern 1989.

Herbert, Ulrich: Geschichte der Ausländerpolitik in Deutschland. Saisonarbeiter, Zwangsarbeiter, Gastarbeiter, Flüchtlinge. München 2001.

Higounet, Charles: Die deutsche Ostsiedlung im Mittelalter. Berlin 1986.

Kerski, Basil / Ruchniewicz, Krzysztof (Hg.): Polnische Einwanderung. Zur Geschichte und Gegenwart der Polen in Deutschland. Osnabrück 2011.

Laschitza, Annelies: Im Lebensrausch, trotz alledem. Rosa Luxemburg. Eine Biographie. Berlin 2002.

Markiewicz, Tomasz (Hg.): Polacy z wyboru: rodziny pochodzenia niemieckiego w Warszawie w XIX i XX wieku [Polen aus freier Wahl. Deutschstämmige Familien in Warschau im 19. und 20. Jahrhundert]. Warszawa 2012.

Möller, Steffen: Viva Polonia. Als deutscher Gastarbeiter in Polen. Frankfurt am Main 2008.

Möller, Steffen: Expedition zu den Polen. Eine Reise mit dem Berlin-Warszawa-Express. Frankfurt am Main 2013.

Pallaske, Christoph (Hg.): Die Migration von Polen nach Deutschland. Zu Geschichte und Gegenwart eines europäischen Migrationssystems. Baden-Baden 2001.

Polańska, Justyna: Nicht ganz sauber. Eine polnische Putzfrau räumt auf. München 2012.

Rogall, Joachim (Hg.): Land der großen Ströme. Von Polen nach Litauen. Berlin 1996.

Stefanski, Valentina-Maria: Zum Prozeß der Emanzipation und Integration von Außenseitern: Polnische Arbeitsmigranten im Ruhrgebiet. Dortmund 1984.

Traba, Robert (Hg.): My berlińczycy! Wir Berliner! Geschichte einer deutsch-polnischen Nachbarschaft. Berlin 2009.

Weber, Ursula: Der Polenmarkt in Berlin. Zur Rekonstruktion eines kulturellen Kontakts im Prozeß der politischen Transformation Mittel- und Osteuropas. Neuried 2002.

Juden zwischen Ost und West

Aschheim, Steven: Brothers and Strangers. The East European Jew in German and German Jewish Consciousness, 1800–1923. Madison 1982.

Backhaus, Fritz / Gross, Raphael / Lenarz, Michael (Hg.): Ignatz Bubis. Ein jüdisches Leben in Deutschland. Frankfurt am Main 2007.

Bartal, Israel: Geschichte der Juden im östlichen Europa 1772–1881. Göttingen 2010.

Battenberg, Friedrich: Die Juden in Deutschland vom 16. bis zum Ende des 18. Jahrhunderts. München 2001.

Brenner, Michael (Hg.): Geschichte der Juden in Deutschland von 1945 bis zur Gegenwart. München 2012.

Engelking, Barbara / Hirsch, Helga (Hg.): Unbequeme Wahrheiten. Polen und sein Verhältnis zu den Juden. Frankfurt am Main 2008.

Engelking, Barbara / Leociak, Jacek: The Warsaw Ghetto. A Guide to a Perished City. New Haven / London 2009.

Friedländer, Saul: Das Deutsche Reich und die Juden. Zweiter Band, Die Jahre der Vernichtung 1938–1945. München 2006.

Geller, Ewa: Spory o genezę języka jidzsz, in: Ewa Geller / Monika Polit (Hg.), Jidyszland. polskie przestrzenie. Warszawa 2008, S. 17–43.

Gnauck, Gerhard: Wolke und Weide. Marcel Reich-Ranickis polnische Jahre. Stuttgart 2009.

Grill, Tobias: Der Westen im Osten. Deutsches Judentum und jüdische Bildungsreform in Osteuropa (1783–1939). Göttingen 2013.

Guesnet, François (Hg.): Der Fremde als Nachbar. Polnische Positionen zur polnischen Präsenz. Texte seit 1800. Frankfurt am Main 2009.

Haumann, Heiko: Geschichte der Ostjuden. Frankfurt am Main 1998.

Heyde, Jürgen: Jüdische Ansiedlung in Polen und Kontakte ins Reich bis zur Mitte des 17. Jahrhunderts, in: Małgorzata Omilanowska (Hg.): Tür an Tür. Polen – Deutschland; 1000 Jahre Kunst und Geschichte. Köln 2011, S. 50–55.

Heyde, Jürgen: Transkulturelle Kommunikation und Verflechtung. die jüdischen Wirtschaftseliten in Polen vom 14. bis zum 16. Jahrhundert. Wiesbaden 2014.

Janicka, Elżbieta: Festung Warschau. Raport z oblężonego miasta. Warszawa 2011.

Jersch-Wenzel, Stefi (Hg.): Deutsche – Polen – Juden. Ihre Beziehungen von den Anfängen bis ins 20. Jahrhundert. Berlin 1987.

Kemlein, Sophia: Die Posener Juden 1815–1848. Entwicklungsprozesse einer polnischen Judenheit unter preußischer Herrschaft. Hamburg 1997.

Litt, Stefan: Geschichte der Juden Mitteleuropas 1500–1800, Darmstadt 2009.

Meng, Michael: Shattered Spaces. Encountering Jewish Ruins in Postwar Germany and Poland. Cambridge, MA 2011.

Meyer, Michael u. a. (Hg.): Deutsch-jüdische Geschichte in der Neuzeit. 4 Bde. München 2000.

Polonsky, Anthony: The Jews in Poland and Russia, Bd. III: 1914 to 2008. Oxford (Portland) / Oregon 2012.

Schirrmacher, Frank: Marcel Reich-Ranicki. Sein Leben in Bildern. Eine Bildbiographie. München 2001.

Stampfer, Shaul: Violence and the Migration of Ashkenazi Jews to Eastern Europe, in: Eugene M. Avrutin / Harriet Murav / John Klier (Hg.): Jews in the East European Borderlands. Essays in Honor of John D. Klier. Boston 2012, S. 127–146.

Toch, Michael: Die Juden im mittelalterlichen Reich. München [3]2013.

Tomaszewski, Jerzy: Auftakt zur Vernichtung. Die Vertreibung polnischer Juden aus Deutschland im Jahre 1938. Osnabrück 2002.

Tych, Feliks / Adamczyk-Garbowska, Monika (Hg.): Jewish Presence in Absence. The Aftermath of the Holocaust. Jerusalem 2014.

von der Lühe, Irmela / Schildt, Axel / Schüler-Springorum, Stefanie (Hg.): „Auch in Deutschland waren wir nicht wirklich zu Hause". Jüdische Remigration nach 1945. Göttingen 2008.

Weinryb, Bernard D.: The Jews of Poland. a social and economic history of the Jewish community in Poland from 1100 to 1800. Philadelphia 1973.

Zaremska, Hanna: Juden im mittelalterlichen Polen und die Krakauer Judengemeinde. Osnabrück 2013.

Orte des Austausches, Orte des Konflikts

Bahlcke, Joachim / Gawrecki, Dan / Kaczmarek, Ryszard (Hg.): Geschichte Oberschlesiens. Politik, Wirtschaft und Kultur von den Anfängen bis zur Gegenwart. Oldenburg 2015.

Borchers, Roland / Madoń-Mitzner, Katarzyna (Hg.): Erinnerungen aus der Kaschubei. Erfahrungen und Identitäten 1920 – 1939 – 1945. Berlin 2014.

Borzyszkowski, Józef / Albrecht, Dietmar (Hg.): Kaschubisch-Pommersche Heimat (Geschichte und Gegenwart). Gdańsk / Lübeck 2000.

Linek, Bernard / Michalczyk, Andrzej: Leksykon mitów, symboli i bohaterów Górnego Śląska XIX – XX wieku. Opole 2015.

Loew, Peter Oliver: Danzig. Biographie einer Stadt. München 2011.

Loew, Peter Oliver: Danzig und seine Vergangenheit, 1793 bis 1997. Die Geschichtskultur einer Stadt zwischen Deutschland und Polen. Osnabrück 2003.

Na granicy. Rzecz o czasach, ludziach i miejscach / Grenzgänger. Erzählte Zeiten, Menschen, Orte, Gliwice 2008 (Katalog zur gleichnamigen Ausstellung).

Obracht-Prondzyński, Cezary: Kaschuben heute. Kultur, Sprache, Identität. Gdańsk 2007.

Peikert, Paul: Festung Breslau. Berlin 1966.

Struve, Kai / Ther, Philipp (Hg.): Die Grenzen der Nationen. Identitätenwandel in Oberschlesien in der Neuzeit. Marburg 2002.

Thum, Gregor: Die fremde Stadt – Breslau nach 1945. München 2006.

Urban, Thomas: Schwarze Adler, Weiße Adler. Deutsche und polnische Fußballer im Räderwerk der Politik. Göttingen 2011.

Deutsch-polnisches Ortsnamenverzeichnis

Autoren und Herausgeber

Matthias Barełkowski (geb. 1967) ist freiberuflicher Historiker und Übersetzer aus dem Polnischen. Derzeit in Vorbereitung: *Zygmunt Mycielski – Anthologie seiner Tagebücher 1950 – 1970.*

Anna Baumgartner (geb. 1985) ist wissenschaftliche Mitarbeiterin an der Graduiertenschule für Ost- und Südosteuropastudien der Ludwig-Maximilians-Universität München. Sie promoviert über die *Münchener Polenschule. Orientalismus, Abenteuer und Exotik in der Malerei Józef Brandts* (Arbeitstitel).

Dieter Bingen (geb. 1952) ist Direktor des Deutschen Polen-Instituts in Darmstadt und Gastprofessor an der TU Darmstadt. Zahlreiche Veröffentlichungen zu den deutsch-polnischen Beziehungen.

Hans-Jürgen Bömelburg (geb. 1961) ist Professor für Osteuropäische Geschichte an der Justus-Liebig-Universität Gießen und Ko-Vorsitzender der Deutsch-Polnischen Schulbuchkommission. Jüngste Buchveröffentlichung: *Altes Reich und Alte Republik. Deutsch-Polnische Beziehungen und Verflechtungen 1500 – 1806* (2014, zusammen mit Edmund Kizik).

Gerhard Gnauck (geb. 1964) ist „Welt"-Korrespondent in Warschau und Autor der Biografie *Wolke und Weide. Marcel Reich-Ranickis polnische Jahre* (2009).

François Guesnet (geb. 1962) lehrt moderne jüdische Geschichte am University College London. Er hat u. a. herausgegeben *Der Fremde als Nachbar. Polnische Positionen zur jüdischen Präsenz. Texte seit 1800* (2009).

Jürgen Heyde (geb. 1965) ist wissenschaftlicher Mitarbeiter am Geisteswissenschaftlichen Zentrum Geschichte und Kultur Ostmitteleuropas in Leipzig. Zuletzt erschien: *Transkulturelle Kommunikation und Verflechtung. Die jüdischen Wirtschaftseliten in Polen vom 14. bis zum 16. Jahrhundert* (2014).

Andrzej Klamt (geb. 1964) ist Filmproduzent und Regisseur. Für seine Dokumentarfilme wurde er mehrfach preisgekrönt, etwa *Die geteilte Klasse* (2011) oder *Carpatia. Geschichten aus der Mitte Europas* (2004).

Marta Kopij-Weiß (geb. 1974) ist wissenschaftliche Mitarbeiterin am Institut für Germanistik an der Universität Breslau. Zuletzt erschienen: *Nationen in Kontakt und Konflikt. Deutsch-polnische Beziehungen und Verflechtungen 1806 – 1918* (2014, zusammen mit Jörg Hackmann).

Markus Krzoska (geb. 1967) ist Osteuropahistoriker und lehrt als Privatdozent an der Justus-Liebig-Universität Gießen. Letzte Buchveröffentlichung: *Ein Land unterwegs. Kulturgeschichte Polens seit 1945*. Paderborn 2015.

Peter Oliver Loew (geb. 1967) ist Historiker, wissenschaftlicher Mitarbeiter am Deutschen Polen-Institut Darmstadt und lehrt an der TU Darmstadt sowie an der TU Dresden. Jüngste Buchveröffentlichung: *Wir Unsichtbaren. Geschichte der Polen in Deutschland* (2014).

Krzysztof Malinowski (geb. 1964), Historiker und Politologe, ist Professor und stellvertretender Direktor am Instytut Zachodni (Westinstitut) in Posen (Poznań), wo er sich vor allem mit deutsch-polnischen Beziehungen, deutscher Außen- und Sicherheitspolitik beschäftigt. Zuletzt erschienen: *Polska i Niemcy w Europie: różnice interesów – uwarunkowania i następstwa*, Poznań 2015.

Gertrud Pickhan (geb. 1956) ist Professorin für Osteuropäische Geschichte an der Freien Universität Berlin. Sie hat u.a. geschrieben *„Gegen den Strom". Der Allgemeine Jüdische Arbeiterbund („Bund") in Polen 1918 – 1939* (2001).

Miloš Řezník (geb. 1970) ist Direktor des Deutschen Historischen Instituts Warschau und Professor an der TU Chemnitz, außerdem Vorsitzender der tschechischen Sektion der Deutsch-Tschechischen und Deutsch-Slowakischen Historikerkommission.

Marcin Wiatr (geb. 1975) ist wissenschaftlicher Mitarbeiter am Georg-Eckert-Institut – Leibniz-Institut für internationale Schulbuchforschung in Braunschweig. Zuletzt erschien: *Literarischer Reiseführer Oberschlesien* (2016).

Bildnachweis

Aaron Blume: S. 143; *akg-images*: S. 17, 51 links, 52, 60, 114, 130, 131, 140, 146, 156, 175, 178; *Bundesarchiv*: S. 111; *bpk*: S. 28, 51 rechts, 66, 68, 70, 95, 108, 141, 161; *Hauptstaatsarchiv Stuttgart*: S. 36; *Herder-Institut Marburg, Bildarchiv*: S. 166; *Interfoto*: S. 27, 104; *Muzeum im. Jacka Malczewskiego, Radom*: S. 119; *Narodowe Archiwum Cyfrowe*: S. 62, 64; *Nationalmuseum Warschau*: S. 118; *picture alliance*: S. 2–3, 9, 74, 80, 82, 86, 87, 89, 112, 150–151, 152, 164, 177; *Der Spiegel*: S. 77; *Süddeutsche Zeitung Photo*: S. 49, 59, 149; *ullstein bild*: S. 85; *WBG-Archiv*: S. 19, 26, 40–41; *Wikipedia*: S. 44, 139, 154, 171

Karten: *Peter Palm, Berlin* (Innenseiten des Umschlags, S. 24, 30, 48, 93)